AF433228

Buscando mi tierra

«Tenemos tormentas escritas,
escrita está la siembra que se llevará,
y desnudos que quedaremos.
dios da fuerza a nuestras manos vacías

para llenarnos de nuevo»

Prólogo

Las palabras arrojan luz ante la incertidumbre. Francisco Antonio Camacho en su segundo libro nos da a conocer, mediante sus relatos y poemas, que las palabras pueden ser el faro de luz en medio de una tormenta.

Cuando pensamos en las tormentas de nuestra vida, pasa algo curioso en el ser humano: por lo general lanzamos la mirada hacia lo externo, lo otro, lo ajeno, el afuera. Pero nos olvidamos que muchas veces las tormentas de nuestra vida son nuestras propias percepciones y que muchas veces para resolver las tormentas, debemos mirarnos a nosotros mismos.

Francisco Antonio Camacho ahonda en distintas características del ser humano para brindar una mayor compresión en el ser. Acompañando reflexiones filosóficas junto a recuerdos de su infancia que le permiten ejemplificar los temas que lleva a cabo en cada una de sus reflexiones.

Ahonda en cuestiones psicológicas que influyen en el crecimiento del ser humano, hace especial énfasis en lo gestual, en las primeras palabras, en la forma en que el ser humano va asimilando lo externo para poder crecer bajo el cuidado de otros. También en cómo se expresa a través de las palabras y sus conductas conscientes e inconscientes.

Buscando mi tierra desde mi cielo, es un libro que te permite ahondar en busca del camino de la luz y del amor. La luz y el amor no son externos, si no que habitan dentro de uno mismo.

Adelante querido lector, ven a sumergirte en este libro, lleno de espiritualidad, y en busca de la armonía constante y divina.

Rosario Cortés Cisneros

Palabras preliminares

Las personas que caminan en total oscuridad, tanteando y discerniendo el entorno sabe cuán preciosa es la luz.

Saben mi vida es así. Hay personas que se les ha vedado la luz de sus ojos, y otras teniendo la visión, caminan en la vida por una total oscuridad.

Cuán importante es la luz, cuan luminoso es para la persona. La luz nos hace descubrir las cosas. Quienes vieron el amanecer desde un cerro, contemplarán, con la ciudad debajo, los colores, las casas. La luz pone en movimiento la vida.

Pero eso ocurre de una forma análoga cuando hay luz en el alma, con ella puedo ver al otro frente a mí. Es la relación luminosa del yo al tú, del ser con el otro ser; dándome la dimensión y el autoconocimiento de quien soy, la que me hace uno y simple ante el mundo, es la antesala del encuentro.

La luz, la semejanza, el ser, al otro la que descubro, la realidad cambia, porque mientras yo me encuentro con una persona de igual género, la inteligencia realiza la observación, las mediciones correspondientes para que se produzca el encuentro.

Uno mide más, observa más y en el diálogo no hay punto de interés inicial a no ser un encuentro pactado con intereses económicos, artísticos, políticos, religiosos, o el simple buceo en el mundo de las ideas.

Pero distinto es cuando la observación está dirigido a la persona de un género distintos al mío, suele ser más gracioso, pero no la gracia del que vive el humor o lo experimenta en su vida armoniosa, sino que Ella o El, tiene esa distinción, que es como una resonancia interior, en esa experiencia resuena: si, este si es hueso de mi hueso y sangre de mi sangre.

Un inicio luminoso es descubrir y bucear por los colores y sensaciones del alma e intuir que tal persona puede ser el gran encuentro para tejer la vida de a dos, donde el hilo es el amor.

Y en esa identidad del ser, en ese encuentro, en esa festiva unidad, de un nosotros, aparece la luz.

Los hijos, la síntesis luminosa de dos seres, tan hermosos y bellos, cada uno con su luz propia, al contemplarlos queda extasiado, por lo bellos que son y el potencial de lo que pueden ser.

Ellos con su luz van iluminando su realidad y en su lucha no se dan cuenta de esa luz, de lo que ellos son.

Todas sus energías están en la búsqueda de un lugar y obsesionado con la geografía, los desafíos de encontrar "Un Lugar Donde Vivir". En ese lugar se acampa, se ve lo circundante, lo que tengo que desechar o lo que tengo que conseguir, para luego dilucidar "Quien Soy".

Pero también hay otras experiencias en la vida como el "Despertar".

La ida se encarga de hacerlo de diferentes formas y cuando eso ocurre, el ser humano descubre la LUZ. La iluminación se da, cuando se conoce a uno mismo. Las luces y las sombras de su existencia, dan cuenta que la oscuridad es necesaria.

Si no hubiera oscuridad, todo sería luz, la luz tendría tal poder que no notaríamos los matices de colores o las dimensiones de las cosas. Creo que la vida sería un haz de color blanco o dorado como el de la luz. Tan solo hago un simple razonamiento, no soy físico, pero en realidad creo que la oscuridad también es muy importante y hace a la realidad de las cosas.

O podemos decir también, que la luz lo crea todo a partir de la nada que es la oscuridad misma, porque en la total oscuridad de los sentidos y del alma ¿habría vida?

Sí, la vida es un juego de luces y sombras; pero para contemplar la luz y enamorarse de ella, es necesario caminar en la oscuridad.

Hay dos clases de oscuridad, una la ausencia de luz física que sin ella no existiría la belleza de la naturaleza, ya que la luz crea los colores, los matices, el volumen de los objetos, pero hay otra luz la del alma, la que ilumina el discernimiento de la inteligencia, la que ilumina los aciertos y desacierto, la que lleva el alma al correcto amor de sí mismo y descubrir las semejanzas en el prójimo.

Sí, no hay peor oscuridad en el alma, que el desamor.

Qué duro es caer en la vida, en la oscuridad del desamor, ese vacío en él que uno ve su propio yo hechos añicos.

Y la imagen en la que uno se levanta sobre los demás, dando sustentabilidad al ego, el que nos hace sentir seguros y blandeamos las espadas abriendo caminos en nuestra existencia sin mirar si herimos a alguien o matamos a alguien.

No hay peor asesinato, que el haber matado al amor en nuestros corazones.

Cuando eso ocurre automáticamente entramos en la oscuridad del alma.

Después de mi separación había entrado en la oscuridad, porque sin darme cuenta estaba en una batalla ciega, en mi interior, dejé de amar.

El concepto de Cónyuge (con – yugo), desapareció de nuestra existencia y me quedé solo en la oscuridad caminando a tientas.

Porque el peso de la existencia misma, los sueños y el sacrificio que eso implica, se deja de tirar y llevar el yugo de la vida hacia una misma dirección.

No sé en qué momento ocurrió, pero sí sé que hubo un principio, quizás yo empecé a mirar al norte y ella al sur, y el dialogo el que forja los encuentros y los matices del amor enmudeció. Quizás, uno de nosotros se cansó y dejó el yugo porque quería descansar y el otro siguió caminando con el alma parchada a toda costa.

Porque la vida sigue, es un río con una eternidad de matices y sensaciones.

En las decisiones que teníamos que tomar, pesaban más las palabras de papá y mamá frente al débil amor que nos unía. Bueno palabras más o palabras menos, la cuestión que me quedé atrapado debajo del yugo al que no podía dominar... mis hijos, mis hermosos hijos.

Este tema es para investigar, pero cada uno en su soledad tira para distintos lados, el yugo se rompe y queda cada uno separado con el peso de la vida.

En este segundo libro, pongo a la imagen de la Eucaristía, porque en esa oscuridad deseaba un lugar de mucha paz, y no sé por qué se me piantó la historia y el recuerdo de una vez que estuve ante el Santísimo de la Iglesia San Juan Bosco. Un día me levanté, fui temprano, estuve sentado hasta el mediodía, me fue atrapando esa experiencia de soledad que sentía, para mí fue crucial. Al principio iba ante el Santísimo Sacramento, no con una total fe, con cierta desconfianza.

Estaba caminando mi oscuridad y no veía nada, pero ese lugar tan silencioso y tan tranquilo con tan pocas personas.

Tan solo un pequeño grupo de almas en pena delante del Santísimo.

Me encantaba el silencio, necesitaba silencio y paz, pero no recuerdo cuando hice el quiebre de levantar mi cabeza y terminar como San Isidro el Labrador. Cuando le preguntaron

—¿Qué haces?

—No sé. Sé que yo lo miro y él me mira.

Si levanté mi cabeza y lo miré y él me miró. Pasaron los días y no había palabra alguna que mostrara alguna epifanía en mi alma.

Muchas veces le preguntaba.

¿Cómo siendo tan oscuro me permites estar acá?

Una vez me hizo ver, Saulo perseguía a los primeros cristianos, iba a todos los lugares y los tomaba prisionero para luego matarlos, hasta que Jesús lo tiro del caballo,

—Saulo, Saulo ¿Por qué me persigues?

San Agustín no era niño de pecho, le tardo toda una vida a Santa Mónica rezar por su conversión, tuvo varios hijos, en su búsqueda de la fe. Dicen que en su juventud era esclavo de sus propias pasiones.

La Iglesia está compuesta por personas que eran del mundo, bien del mundo, pero al encontrarse a sí mismos, en la recta final se encontraron con su creador.

Como decía, ese silencio llegó a ser tan adictivo, que después lo sentía en otras iglesias.

Es importante, saber que ahí estás, Jesús mío, tan humilde, tan callado, tan oyente de la fragilidad y los dolores.

Creo que nadie viene a decir gracias.

Ahí vi otros semejantes, llorar, gemir, suspirar, pedir, locos, cansados, ansiosos, miedosos. Gracias, no me acuerdo.

En mi vida cuando estaba a tientas, el sentarme frente al Sagrario, en silencio, me dio fuerza para reencontrarme conmigo mismo.

El duro trabajo de aceptar, permitiéndome iluminar para poder conocer mi rostro, mi imagen y darme cuenta que tenía que reinventarme, pero a partir de la Luz.

Ese silencio ante Dios que estaba en la Eucaristía, me permitía estar frente a ella, pero a su vez me mostraba hasta donde había caído.

Bendito pecado por el cual Dios Vino al Mundo.

Esta parte del libro habla del encuentro conmigo mismo, de saber que ya no puedo recibir la comunión, pero si en su misericordia me permitió asistir a misa.

Si en mi oscuridad fue una luz que contemplaba y me enseñaba a rezar con un vocabulario distinto.

Es difícil de comprender estas vivencias, me la cuestionaba una y otra vez, pero hay que aceptar los hechos.

Pero que liberador es saber que él vino por los pecadores y donde abundó el pecado sobreabundó la gracia.

A pesar de que somos de carne y hueso, somos de barro y vida, somos de luces y sombras, no existe pecado alguno que pueda opacar la eterna misericordia del amor.

En este segundo libro narro con distintos hechos, reflexiones, poesías, el descubrirse a uno mismo. Volver a la niñez, buscar los orígenes, analizarme las causas por la que uno entro en la oscuridad y ser agradecido con Dios, vida misma, todo lo hermoso que me dio hasta el día de hoy.

Estar solo es toda una historia, pero en esa oscuridad y sufrimiento, Dios está ahí, te manda las personas que van a tejer en tu existencia un nuevo despertar.

Estuvieron mis hijos, mis cincos estrellas que me gusta contemplar en mi firmamento y TÚ que también tenías tus luchas y habías caminado en la oscuridad, me tendiste la mano. Gracias mi amor, como don o gracia es el sentido de tu nombre.

Dios siempre es misericordioso y bondadoso, pero hay que matar el ego, el ego no ayuda.

El ser busca sus raíces y uno descubre al Tu, eres luz de mi luz, somos semejanza de la Luz Infinita Y Eterna, Ella Nos Espera. Ella Ve Nuestros Corazones.

¿Cómo ordeno?
¿Cómo ordeno,
en mi papel
sí el ángel que
iluminaba mi corazón
se fue ayer?
Como ordenar mis palabras,
aquellas expresiones del alma,
el gozo y lo mágico.
para que mi corazón,
tu ausencia no notara,
y el tiempo de silenciosa calma
no sienta lo trágico.
Cómo ocultar
ese vacío en mis versos.
Mi ser esta solo en este
universo,
bajo distintas formas
y modos
más contigo, tenía todo
Cómo gozar la brisa fresca,
de una mañana serena,
donde tu rostro en
mi almohada,
era poesía eterna,
que irrumpía en mi corazón
y corrías por mis venas.

Dónde habitaba la luz

La luz siempre está

Siempre las primeras experiencias son traumáticas, más cuando estas implican un cambio de existencia, porque en la matriz donde nos movíamos era tranquila, apaciguadora, había una cierta armonía, una cierta paz, en la que uno podía relacionarse con el entorno y esto producía un determinado placer que me llevaba a sentirme realizado.

Pero cuando la matriz va quedando chica y el trauma es cuando uno quiere moverse y quiere tener el especio de antaño en la que uno se sentía libre.

La Matriz se nos achica y tenemos que nacer de nuevo.

—Estos cambios algunas veces no entendemos, ya habíamos echado raíces, y algunas tan profundas, que al arrancarnos llevamos mucho pasado al nuevo lugar.

—Alguien que trasplanto una planta de su maseta chica y una más grande, siempre en las raíces se lleva algo de tierra del anterior lugar donde estaba.

Si la planta quiere crecer, es necesario un lugar con más espacio, pero este cambio es traumático.

¿La plantita sabrá eso?

Nacer es traumático, con el tiempo cuando ya uno ha cambiado varias veces, el cambio y ese nacimiento, es esperanzador, luminoso, desafiante, aparecen tensiones que, si uno las utiliza, nos catapulta y nos transforma totalmente.

Cuando hay una ruptura en el amor, una muerte, un velorio, un momento de soledad y duelo.

En cada crisis, en cada quiebre existencial hay un llamado a conocerse a sí mismo, a hacer un algo y ver donde estoy parado. Nos invita a realizar una sucinta lectura del cambio y un examen para descubrir:

¿Qué es lo que quiero?

¿A dónde quiero ir?

Este segundo libro habla de eso, del cambio.

Nació en momento de cambio en la que muchas lecturas en mi búsqueda, me llevó a afrontar la vida desde el amor y de la mejor manera.

Siempre, aparecían las frases del pasado, que fueron la que me orientaron:

1) «Ni en la euforia ni en la desolación hay que tomar decisión» San Ignacio de Loyola.

2) «El alma de toda reforma es la reforma de la propia alma» San Bernardo de Claraval.

3) «En el atardecer de la vida se os preguntara del amor» San Juan de Ávila.

También mis lecturas en la que desnudé a Freud y Lacan, me ayudaron.

Cuando digo desnudar es desvelar, sacar el velo, capas por capas, no ESTUDIAR, NO, hay que sacar el velo de sus pensamientos y ver con los ojos del autor.

Esto se lo debo a Julia Alessi de Nicolini, un beso a esa genia, que me enseñó la Filosofía desde otra perspectiva y aprendí que el filósofo PIENSA, no come libros para luego deponerlo.

Me ayudaron a ver el resto de tierra que había en mis raíces cuando la vida me cambiaba de lugar.

Creo que a esta altura puedo decir con SAN PABLO bendito pecado que trajo a dios al mundo"

Y gracias por mis pecados Jesús me compró con su sangre y me dio vida con su pasión y resurrección.

Sí, benditos errores por medio la cual uno puede ir creciendo en la vida.

El gallo

Casi siempre estaban detrás de los barrotes, eran los primeros que alteraban desde temprano la vida del vecindario, con tan solo hacerse escuchar, su fin era imponerse sobre el resto.

Se los sacaban dos veces al día, previamente se les impedían ver, no vaya a ser que se escapen, previas rigurosas anteojeras o capucha, con soga atada a los pies se los hacía caminar, trotar, correr. Troté con dificultad. Con una vara de junco y con golpe sostenido se le golpeaba su lado izquierdo o derecho, según sea para donde uno quería que doblase. Una vez al día tenían que pelear con los ojos vendados, como para ejercitarlos en momentos extremos, ya sea que estuviesen en plena oscuridad o en lo peor de la batalla llegaran a quedar ciegos, tenían que prevenir e intuir por dónde viene el golpe del enemigo y así aprender a sobrevivir y seguir peleando de esta manera.

Se los incentivaba, se les enseñaban a desarrollar los instintos y el principal el de supervivencia, tan solo dos veces a la semana eran peleas normales. Con tanta exigencia física, se los refrescaba esparciéndole agua, su trabajo era agotador e inhumano, pero era necesario que descargaran todas sus energías, eran perfectos asesinos y detrás de los barrotes tenían que estar sedados, tranquilos, pero sin usar psicofármacos, tan solo debían ejercitar y descargar sus violencias.

Eran los que mejor comían y todo regulado a horario. Llevaban un régimen de actividades duramente estructurado como para reeducar a psicópatas, ni en las mejores cárceles o los más rigurosos adiestramientos de elites, tenían los gallos de riñas de mi abuelo.

Eran animales hermosos, de plumas azules y doradas que brillaban aun en los días nublados. Sus muslos desarrollados y prominentes, salían de sus jaulas los días Domingo cuando mi abuelo debía competir en las famosas riñas de gallos, del Timbo Nuevo. Ensillaba su caballo moro, hermoso, esbelto, era dócil a más no poder, como decían las parroquianas "ay, si es un pan de Dios".

El estaba orgulloso de sus gallos, algunas veces delegaba a Toro algunas actividades de adiestramiento y esta vez le dijo que lo encapuchara y lo hiciera trotar suavemente por todo el cerco. Con toro, ya al caer la tarde, el sol se hacía sentir, pero ya no hería con sus rayos la piel, era soportable su presencia.

El gallito trotaba desde el cerco hasta el bajo, pero de tanto jugar ya no contamos las idas y vueltas, creo que estaba un poquito extenuado. Como tenía capucha él no sabía si iba sacando la lengua o no, buen, en fin, así es la vida del gallo de riña, durísima.

A mitad del cerco, el bípedo plumífero salvaje, se paró instintivamente como quien se detiene ante el peligro y efectivamente, a pocos metros estaba el gallo tuerto de los guanqueros, bueno para los que no leyeron los otros cuentos, los guanqueros son los primos hermanos de mi abuelo, lindaba con las tierras de él.

Era un gallo mañero, siempre se cruzaba para pisar a las gallinas de mi abuela Dorotea, en cambio mi abuelo quería que sus gallos pisaran, pero estos eran chicos rudos cuando pisaban, con el pico se hacía de las crestas de las gallinas, lastimándolas y como tenían unas filosas uñas o garras, las dejaban chasca y descangayadas.

No eran sonsas las gallinas al momento de amar, siempre elegían a este gallo tuerto, ya que era suave y placentero, ¡que asombrosa es la naturaleza!

Como el gallo de mi abuelo era tremendo, cuidaba su territorio, donde estaba él, no pisaba ningún otro gallo, así con las patas atadas y encapuchado, no media riesgos, era aguerridamente imprudente. Fue a picotearlo y con las plumas paradas, un perfecto guerrero.

El tuerto se puso firme, sin conocimiento de contienda sino aquellas que le daba placer, se puso un poco de costado, no parecía tan gallito, pero nos dimos cuenta que la posición ayudaba a la visión.

Con Toro nos miramos, se nos cruzó la tentación de soltar la correa, "y que hacemos", como a nosotros niños, no nos permitían ir a las riñas de gallos, nunca lo habíamos visto pelear, bueno la curiosidad fue placenteramente grande, revivir "in situ" lo que nos prohibían, fue la mejor decisión.

Soltamos la soga, era la pelea de dos gallos, en una esquina estaba el gallo tuerto y la otra el gallo ciego, dije que estaba encapuchado, ya que no hubo tiempo de sacarle la capucha y como estaba entrenado para estas situaciones, empezó la pelea.

La contienda empezó, el gallo de mi abuelo sus picotadas golpeaban con fuerza, pero no herían, había una pérdida de efectividad del 30%, los espuelones eran armas mortales que cortaba la piel pasando previamente por las plumas.

El tuerto parecía muy refinado, pero pasaba por sus cabezas el harem de gallinas pisadas y lucho por ellas. Su lucha tenía sentido, peleaba por el amor perpetuo.

Sacó fuerza y doblegó al gallo de mi abuelo, aun peleando de costado, Ahora me doy cuenta que cuando la vida tiene sentido, o la causa tiene una razón de ser para la existencia y la felicidad, no importa el peligro, uno saca fuerzas de donde no tiene para conseguir o defender lo que anhelamos o valoramos.

Así es, el guerrero fue vencido por el amor, el tuertito con su posición dudosa, le hizo retroceder y huir.

Como las cosas ya estaban dirimidas, nos miramos con asombro, no sabíamos si decir "guauuuu que pelea" o tan solo "araca el gallo de riñas".

Mis letras

Mis letras nos son
emulación
del más encumbrado
poeta,

ni letras sacadas,
trasnochada en un
bodegón.
Mis letras,
son sentimientos,
sonrisa,
mirada tierna,
como dulce y
dolorosa es la espera,
mis letras es el deseo
encerrado,
de que tú golpees
mi puerta,
más no luz
de mi razón.
Mis letras,
no son frases muertas,
son flores que nacen
en tu huerta.
La entrega de mi ser
y tú la tierra,
mi hermoso cultivo,
tu corazón.
Mis letras hablan
de vida,
del alimento del alma
y mi cuerpo, y tú
cuerpo en perfecto
dialogo y donación,
Mis letras hablan del
agua cristalina,
de la brisa suave

que mi alma respira
y todo y más es tu amor.

Mi letra eres tú,
que mi piel descubre,
y de tu ser se nutre
para vivir con vos.

Don Tufi y Juan

Tufi era un libanés que tenía un gran almacén, vendía a todo el campesinado del Timbo Nuevo, Timbo Viejo y El Sunchal. Venían los pobladores de distintos lugares y dejaban sus pedidos, luego de prepararlos, él los llevaba en un viejo carro y luego en una camioneta.

Como ya había entrado en su vejez y toda su vida se dedicó a bajar camionada de mercadería, ordenarla y luego enviarla a sus clientes y ya cansado de ese ajetreo diario decidió contratar a un lugareño de nombre Juan, como no hay nombre más pegadizo a este que José, como se llamaba el cristiano, Juan José López.

Si señores por esta zona los Juan José está a la orden del día y para las chinitas románticas: Juanjo; para los de otro lugar JHON JHOSEP. Este caballero, era un obrero golondrina que viajaba por todo el norte, este y sur del país, en las distintas épocas de cosechas. Ya sea en Tucumán, la caña de azúcar y el citrus, en Mendoza la vendimia, en chaco el algodón. Para las cosechas era polifacético el tipo. Pero con el tiempo fue echando raíces en Tucumán.

Este era más joven que Tufi y ya entrando en confianza el patrón tenía el genio popular de poner apodo, le decía a Juan "catre viejo", porque al más pequeño movimiento se quejaba.

Este le había tomado aprecio por que a pesar de sus rabietas era un hombre honesto y sincero.

Un día mientras se hacía un pequeño alto en el trabajo, Tufi sintiendo pena por su empleado le preguntó ¿Por qué reniegas tanto al hacer las cosas?

Es que siempre tengo que hacer lo mismo: bajar la mercadería del camión, ordenar la mercadería de la camioneta, separar y enviar los pedidos y luego limpiar antes de irme.

—¿Eso te pone mal, el hecho de que todos los días tienes que hacer lo mismo? —preguntó Tufi.

—Sí, es hartante, me angustia, pienso que podría estar haciendo otra cosa, pero todavía no sé qué es —dijo Juan.

Tufi, dejando pasar al silencio que es sabio y consejero, le encestó una mirada tierna y con una dulce sonrisa de padre le dijo: —Mira Juan ¿cuándo vas al río y te refresca, lo haces siempre con la misma agua?

Este extrañado lo mira como pensando «Ey la vejes viruela te está haciendo temblar las neuronas» y luego le dice: —no, porque el agua está corriendo continuamente.

—Ah que interesante ¿no? Juan ¿cuándo comes, siempre comes la misma carne?

—No —contestó— porque es de distintos animales.

—Entonces Juan si te detienes observar más tu vida, veras que no todas las cosas que haces es igual de un día respecto al otro. Los días de tu vida no son iguales.

—Lo que pasa es que no te has puesto a pensar, ni valor lo que realiza y los sentimientos que sale de tu corazón, de sentirte mal todos los días en las cosas que haces. Pero aun Juan, si observas ese pesimismo que te angustia, veras que lo que siente nunca es igual un día respecto del otro. Hasta el hastío para vivir es distinto.

—Mmm... sí, creo que tiene razón, no todos los días son iguales como también creo que uno pone condimento a la vida o le damos valoraciones distintas y el corazón es el que siente.

Tufi, observándolo mientras este ordenaba los pedidos le dijo —mira Juan tú podrías hacer algo simple, te digo esto porque no sé, siempre las cosas simples parece que cuesta mas

—Si diga Ud. —Contestó.

—Cada vez que te enojes por algo, o algo te molesta o estas molesto, respira profundamente y descubre en tu interior que es lo que causa este malestar. Tomate algo de tiempo para ti y observa.

Juan mirándolo con los ojos asombrado frente a un psicólogo que necesita una flor de terapia, encogió los hombres como para no enfrentar las cosa y le dijo un Si lacónico, pero, en fin, le quedó picando la propuesta, pero lo que más le llamo la atención, es que lo simple cuesta.

Paso los días y el silencio se adueñaba del depósito hasta se podía sentir las carreras de cucarachas. Lo extraño como si pasara algo raro Juan empezó a dibujar en su rostro una sutil sonrisa en vez de renegar. Tufi asombrado pensó para adentro, está enamorado, debe ser que está amando el chango.

—Chango jaja, si este ya no se ablanda ni en una hoya de acero en tres días de hervor, con carbón de piedra. Chango jajajaj.

Para salir del asombro ya que las dudas le carcomían por dentro, como el deseo retorcido de enterarse de todo, debilidad de viejas chismosas, Tufi preguntó —¿Che Juan, te acuerdas de aquella charla que tuvimos?

Juan receloso de mostrar partida y como quien esconde sus prendas íntimas, como queriendo ocultar hasta la gana de respirar y haciéndose el distraído, le contesto —Ah Sí.

Pero como el turquito había tomado Chismedecina 500 gr. era insistente y pesado que elefante en turucuto, Juan tomo conciencia que al fin y al cabo era su patrón, no le quedo cosa que mermar un poco la marcha para dar lugar al dialogo, ya que su vida se estaba por exponer y no hay mejor manera que hacerlo con un buen marketing.

—En realidad don Tufi —dijo— me quejaba mucho, me sentía angustiado, deseaba vivir de otra forma, pero no sabía cómo. Deseaba tener un mejor rancho, un trabajo más tranquilo, tener una compañera, a mi edad ya soy grande y no es bueno que el hombre este solo, pero, a decir verdad, para que tener un mejor trabajo si voy a estar renegando, para que tener un mejor rancho si yo internamente no me voy a sentir bien, para que voy a tener una compañera si yo soy agrio, idiota, a pocas horas ya no me aguatara y se ira.

Así que, empecé a observarme a mí mismo cada vez que renegaba, respirando profundamente, cerraba los ojos hasta que me tranquilizaba.

Después me daba cuenta que las causas de mis idioteces eran tontas, sin fundamento, después como ya no renegaba, me acostumbré a respirar pausado y profundo, me di cuenta que esto me producía una sensación de paz.

Pensé en mi vida, pero la solución no era cambiar de lugar, cambiar de cosas o adquirir cosas, sino que tenía que cambiar mi interior. Si ante todo era negativo, a cualquier jarro de leche le encontraba un pelo. Empecé a pensar lo positivo que es hacer trabajar mi cuerpo, mientras respiraba y levantaba las bolsas de harina o azúcar pensé que este era el mejor ejercicio para él, logré sentir cada uno de mis musculoso como se tensaban y como adquiría volumen a mi edad. Me sentí cada vez más fuerte. Me siento estupendo, me siento como que me saque 10 años de encima.

Asombrado dijo Tufi, bueno cálmate, imposible, je 10 años menos.

Usted pregunto ¿no?, bueno ahora puedo proseguir, está bien termina de desensillar al sainó, dijo escueta mente el turco.

También don Tufi pensaba que este trabajo era para burros de carga, y pensaba que me merecía algo mejor, pero como iba a tener algo mejor si no valoraba lo que tenía.

El problema no era el tener, sino la valoración que yo daba a las cosas, y como este trabajo que es muy simple me costaba aceptarlo, trate de ver este trabajo de otra manera, empecé a observar lo que hacía bueno, había comestibles en bolsa grades , había en botellas y en paquete de todo tamaño, si bien el galpón es inmenso, empecé a acopiar las bolsa grandes por un lado, las botellas por otro, separe los aceite de oliva, los de girasol, los de maíz y las mezclas, también separe los distintas clases de vinagres, los comestible que son frágiles de los que son resistentes a los golpes. Los golpes que puede recibir un tarro de grasa en pella no es lo mismo que un golpe a las hueveras.

Y por otro lado separe los artículos de limpieza, los personales respecto a los de la casa. Mire, entre don Tufi, dijo Juan todo emocionado como que no se podía retenerse dentro suyo.

El viejo mirando en silencio y asombrado por el orden, buscaba alguna excusa para bajarlo de un hondazo a este que quería volar tan alto, creyó ver algún desorden porque habría dos filas de harina, dos de azúcar y así con varios comestibles. Pero Juan mira esto, estas ocupando espacio por qué haces dos filas para cada alimento si lo puedes poner en una sola fila.

Con un poco de sorna, Juan responde, Mire don Tufi, he descubierto que en un costado todos los alimentos tiene una fecha de vencimiento, esto quiere decir que no se puede consumir después que paso esta fecha y por consiguiente tampoco podemos venderlos, así que la fila de la derecha son alimentos que hay que sacar cuanto antes, porque son los más próximos a vencer y queda feo o es cansador don Tufi que nos reten los clientes por vender mercadería en mal estado.

Como quien contiene un volcán y dando lugar al reconocimiento y la admiración dio gracias a Juan todo lo que había hecho. Indudablemente ya no era el peón rustico que hacia un trabajo de burro. Este burro aprendió de su experiencia propia, hizo de su trabajo un saber refinado.

Indudablemente Juan había encontrado el sentido de su vida. Su trabajo era otro y empezó a soñar positivamente las cosas, se inscribió en un instituto término el secundario e hizo un terciario en una escuela técnica, aprendiendo sobre motores eléctricos.

Con el tiempo Tufi fluy[o hacia otro estado, Juan se fue a vivir a la ciudad donde había puesto un taller de motores eléctricos, ya tenía una compañera y desde aquel día que Tufi le dio ese consejo no dejo de buscar el lado positivo a las cosas.

Cuán importante es encontrar el sentido de la vida.

Saber mirar las cosas con el corazón, tener respuesta al instante como estas ¿para qué vivo? ¿Por qué vivo? ¿Cómo quiero que sea mi vida?

Todos estamos llamados a una vida feliz, pero necesitamos primero encontrarnos a nosotros mismos y encontrar sentido a nuestro vivir. Cada uno tenemos una melodía interior que tenemos que saber escuchar. Una vez que la encontramos toda nuestra existencia adquiere sentido.

A donde van
Donde va la gente
cuando el ocaso; fenece
y el sol ya no ilumina
cuando la oscuridad;
cierne en la conciencia,
del que no supo
el calor de una sonrisa.
Dónde, dónde van,
aquellos que pasaron abrazados
a sus sueños,
esperando en el horizonte
ver sus primeros brotes,
donde sus ideales
argumento de mil batallas,
por la que partieron.
Dónde, donde van,
tan silenciosos,
cansados de tanto esperar,
la paz que han perseguido,
o aterrados por pasar,
encontrarse con el espanto
de lo que han hecho.
hasta el último segundo
a su cuerpo.
Dónde, donde van,
los soñadores
acompasado y taciturnos
con los años amontonados
en sus espaldas,
caminan encorvados,
esperan el turno,

con un canto de liberación
deseoso de batir sus alas.
Pero todos van para
el mismo lado,
y cada uno ve su propio camino.
algunos,
lleva en su pecho una promesa,
una esperanza.
otros vacíos, atravesados
por el desprecio
como si llevara una lanza
clavado en su pecho
o el estigma del martirio.
otros sin saber ni conocer sus alas
se arrastraron como han podido.
pero todos,
todos marchamos,
para el mismo lado
es para todo mortal
su destino.
tan solo te preguntarán:
¿amaste?
Pitucho

—¡Pitucho ven para acá!

Él se acercaba con mucho temor y medio encorvándose para recibir los golpes de doña Clara, quien asestaba varios azotes, con una fina y firme varilla de mora, en su espalda, como quien descarga sus enojos ante la vida.

Esta mujer, su madre, sentada en una silla de ruedas, invalida por el dolor y la deformación de una enfermedad a los huesos. El dolor y el sufrimiento sin explicación y aceptación caló hondo, hasta desmoronar su estructura del alma y el cuerpo.

Los vaivenes de la vida la dejaron, con sus hijos, en la total pobreza sin un lugar a donde vivir.

Fue a integrar, como todos los carenciados, a la orilla del canal norte, ahí con sus hijos, Coca, Cuca y Pitucho, ayudaron a su madre a hacer un rancho precario.

Hacía ya dos años que nos habíamos cambiado al Colmenar, tierra extraña, con lugares descampados, a los lejos un tambo, con casas precarias y muchos sitios baldíos.

Pronto, con nuestros vecinos se nos transformó en un lugar de total aventura, donde jugábamos subiéndonos a los árboles, entre la maleza.

Un día, sentí que golpean la puerta de casa, voy a ver quién era, estaba ahí un chico que me llamó la atención, tenía dos dientes extremadamente grandes que se abría pasos entre sus gruesos labios, como que estos se imponían de tal forma, que dejaban la boca entre abierta.

Su ojo izquierdo, se movía alocadamente de aquí para allá, como queriendo ver todos los movimientos de su interlocutor arrastrando ligeramente su ojo derecho.

Era un niño de diez años, que había que descubrirlo, ya que por la apariencia que le dio la vida, era una grotesca figura, al que los chicos del barrio asustaban. Detrás de esta figura, había un ángel.

Por mandato materno, todas las mañanas salía temprano a pedir, hasta el mediodía. Cuando pasaba por frente de mi casa, cargando con orgullo lo que la divina providencia le regalo y con agradecimiento a la misericordia de la gente.

Todos éramos un poco necesitados y menesterosos, pero sabíamos que siempre hay alguien peor que nosotros, a los que Dios, la vida, el ser, nos ponía en esa encrucijada del compartir.

Pitucho llevaba en su hombro la faena del día, ya tenía que comer su madre y sus hermanas. Pero lo más grande que el valoraba, es la sintética y escueta sonrisa de aprobación de su madre. Es que, para ella, no había término medio, como que la vida no le enseñó gesto de flexibilidad y paciencia. Si Pitucho no traía nada, seguro que estaba el golpe certero en su espalda. Pero a él le gustaba esa sonrisa austera de su madre. Ella no entendía que algunas veces la misericordia de la gente y la providencia divina estaban muy esquivas, como tampoco entendía la niñez de ese ángel, que se distraía jugando a las bolillas conmigo y sin medir el tiempo siempre se le pasaba la mañana.

Sus hermanas Coca y Cuca poco las veía, sé que la más chica trabajaba en una casa de familia y volvía a la tarde y a Coca muy rara vez.

Ya había pasado el tiempo, nuestra vida corría sin detenerse, sin dejar de lado el escenario del Canal Norte.

En época que no corría agua, se trasformaba en un lugar preferido para jugar con nuestras bicicletas. Nos bajábamos cada uno con sus carritos, en el que tirábamos a alguien a lo largo del canal, no importaba el calor de la loza hirviendo, lo importante era el viaje. Pasábamos por frente de la casa de Pitucho, estaba ahí, mirándonos como queriendo estar en el grupo, pero no se tenía que alejar de su madre. Siempre sentía que, al pasar, él viajaba en el carrito que yo tiraba.

Algunas veces, en verano cuando llovía mucho, el agua levantaba una losa lateral del canal, horadando la tierra, formando cuevas, en la que nos reuníamos para cocinar y comer algo. Cada uno traía de la casa un elemento de cocina, otro traía las verduras otro el fideo y el que no podía, tenía la obligación de juntar leña y hacer el fuego. Todo era una aventura sin tener en cuenta el grado de contaminación del agua que traía el canal. La asepsia a la hora de comer en esa edad no la teníamos presente, no conocíamos que era contraer una enfermedad.

Pitucho tenía una pierna derecha encogida e igual su mano derecha, no tan solo tenía que lidiar con su cuerpo minusválido, sino que era el tema de las irónicas cargadas de los chicos del barrio.

Algunas veces, mi madre me mandaba para que llevase una caja de leche en polvo, al entrar a su casa, encontraba a su madre Doña Clara, pálida como un vaso de leche, al que le resaltaba el color renegrido y espeso de su cabellera, adornado naturalmente con algunos mechones canoso. A la par de su silla estaba él, con un cepillo, cepillando esa larga cabellera. Ella agradecía el gesto, y le decía a Pitucho «chango da la gracia».

Ya tenía mis dieciséis años, era pleno gobierno militar, donde la pobreza, la lucha del pueblo contra los militares en el poder, la desaparición de estudiantes y personas hacia que la vida tenga sus momentos virulentos y difíciles.

La pobreza hacia crecer al vecindario en la orilla del canal. Todo se renovaba, las casas vacías que quedaban después del control militar, eran ocupados con gran rapidez.

Solo por hoy

Solo por hoy
dejare entrar
en el hogar de mi consciencia,
a mis muertos.
Solo por hoy,
Invitaré a mis verdugos,
que pesan cual yugo,
y como plaga,
se alimentan de lo mejor
que tengo en mi huerto.
Y ante que el tiempo pase
y todo en mi quede
cual desierto,
sin nada para compartir.
Solo por hoy
miraré a los ojos

a esos fantasmas,

de mis sueños robados,

arrancados de cuajo,

por malas manos.

aquellos verdugos,

infelices, seres humanos,

que no se aman,

ni desean ser amados.

Solo por hoy

tenderé la mano amiga

los sacaré del fondo de mi conciencia,

para que salgan de su demencia,

y resuciten a plena luz del día.

Solo por hoy

aprenderé de mí mismo,

en mí está el destino

de aceptarlo todo.

de aprender a vivir y soñar

la vida de otro modo.

Detrás de la cancha

En una tarde de invierno, el sol cae en mi ventana cálidamente. El polvillo del ambiente, que se deja ver a través del hilo dorado que se proyecta en la pared, como si estos juegan con la brisa del momento.

Recuerdo... que tenía tres años, como si al pasar los años el recuerdo de la infancia se me hizo tan nítido. Como si los años transparentara cada vivencia en mi mente. Es como mirar una imagen a través del vidrio, sí de este vidrio, el de la ventana. Donde mi reflejo me mira y nos interpelamos mutuamente, como ignorándolo para no ver sus arrugas, me proyecto a la distancia, viendo a lo lejos los autos de la carretera, cada uno con una meta y un destino.

A mis tres años, veo a mi tío Pule, que me daba golpecitos y me decía «¿cómo estas pechazo?» me hacía sentir que era su sobrino predilecto.

Vivíamos en una casa de madera, detrás de la cancha del Club San Martín y como contrariando a la vida desde muy pequeño, y mi familia de Atlético Tucumán.

Todavía recuerdo a los hinchas entrar en el terreno, que alquilábamos y donde vivíamos, trepar por la tapia que hacía de medianera, para poder ver el partido, sin tener que pagar entrada, tratando de evadir la policía a caballo que con látigo impidiendo que entraran a la cancha. Si eran duros como escarabajos, recibían cada latigazo, pero ni se inmutaban.

También con nosotros, vivía un señor de edad al que se le llamaba Don Silca.

Este tenía una mirada tierna y nos hacía barriletes. Vivía solo en su casa, era todo un misterio, nunca entre en ella, siempre llegaba hasta el umbral de su puerta, ya que ahí era como si se dividiera dos mundos, uno el real, con el sonido cotidiano y el otro, el interior de su casa, era un mundo misterioso, oscuro, iluminado con velas. Era el ambiente ideal de un gran hechicero o un brujo de la edad media.

Mi casa, que se defendía de las grandes tormentas, con su techo de chapas de cartón, como aforrándose a las paredes y vigas, era real. No me llamaba tanto la curiosidad, como la casa de este Caballero.

Mi tío Pule, me hacía jugar, tirándome en el aire hacia arriba y luego me sentaba en la mesa. Un día me dejo en la mesa, como de costumbre, dejándome un momento para servirse un vaso de soda. En este pequeño tiempo, perdí el equilibrio y caí de cabezas al piso.

Tan solo recuerdo que de nuevo me tiraba para arriba y me decía "pechazo" "vamos pechazo, volve", luego en los brazos de mi madre, ella me ponía rodaja de papas en la zona del golpe.

El tiempo pasó, acomodando el dolor por la partida de mis tíos, volviendo mi vida a lo cotidiano, tan solo me queda en el recuerdo la frase de mi tío Pule, "hola pechazo".

Mi padre tuvo un perro llamado Nerón, era negro, enorme, bueno, para mi estatura así lo era. Cuando me sentía solo, me paraba en la vereda y me apoyaba sobre su lomo, viendo como pasaba la gente del barrio.

El tan solo se quedaba quieto y sabía de antemano cuando yo lo iba a buscar, preparaba su lomo, daba vuelta su cabeza y me miraba cuando yo me acercaba, me apoyaba en él, él volvía dar la vuelta su cabeza y me miraba como sonriendo complaciente por mi acción.

Siempre estaba a mi lado, ya sea que estudiara o lo que hiciese, ahí estaba.

Un día salí a jugar y noté su ausencia, fui a ver dónde él dormía y yacía frío en su lecho, con los ojos fríos sin parpadear, así estuvo hasta el mediodía cuando mi padre regreso del trabajo.

Por las tardes, cabo una fosa, cerca del criadero de conejo, lo enterró ahí, lo despedí como se despide a un gran amigo. A esa edad, no sabía por qué se murió, pero aprendí que las cosas no son para siempre, siempre en la vida algo muere, algo pasa, algo cambia, en mi corazón y en mi entorno.

Como mascota me quedaba una catita, que de vez en cuando se escapaba de la jaula y se subía en una morera inmensa.

Mi madre me hacía subir en ella, con un pedazo de pan mojado en leche y recubierto de azúcar. Ella al ver este manjar, bajaba hasta mi mano y una ve saciada subía en mi dedo. Mis primeros años de escuela, no sé porque me resulta tan borroso, no me gustaba salir de casa.

No me olvido que, en un acto de izar la bandera, tenía necesidad de ir al baño y ante la negativa de la maestra de dejarme ir, al salir de la escuela, no pude aguantar y me ensucié en los pantalones.

Nunca sentí tanta vergüenza y el miedo de que la gente se fijase en lo ocurrido, caminaba despacito tolerando el mal humor de mi hermana que me apuraba a regañadientes.

La miraba como diciéndole "cállate que se darán cuenta", pero el ambiente de esta situación se hacía sentir. Sabía que, al llegar a mi casa, tenía que vérmelas con mi madre.

Después del reto y de la disciplina de rigor, mi cuerpo aprendió que siempre, con concentración y esfuerzo uno puede contener muchas cosas.

Pule y mecho

Creo que tenía dos años o tres, era una mañana fría de invierno en la que el sol se quedaba remolonamente debajo de un espeso acolchado de nubes. Antes de que este empezara su caminata, llegó a casa, un agente de policía anunciando a mi Madre y a mi tía Mañanita, que su esposo, mi tío Pule (hermano de mi madre), había fallecido en un accidente de moto junto con mi tío Mecho.

A mi tío Mecho, se le decía así por el nombre de Mercedes, el mote en masculino es Mecho y en femenino es Mecha.

En cuanto a mi tío Pule, era un chico fornido, continuamente cuando practicaba Boxeo, decía, mira yo tengo polenta, que en el campo la gente la modificaba "pulenta", y bueno le quedo el mote de Pule.

Como decía, era una mañana fría o con pereza de clarear. Mi tía se quebraba por el dolor y mi madre más todavía, en esta mañana perdía dos hermanos.

Mi tío Pule tenía una moto Puma de 50 cilindrada, en esa época 1962-3 era una moto veloz, a pesar de ser de poca cilindrada.

Ellos venían de una fiesta de noche, y chocó de frente con un camión canadiense, la que venía con un solo faro encendido, quedaron atrapado debajo el camión.

No recuerdo como sigue la historia, ya que todo es muy borroso y confuso, pero si me acuerdo a mi abuela de pie frente al crucifijo mientras rezaba, abrasando a los dos féretros y mi abuelo acompañando en este infernal silencio que muchas veces nos lleva el sufrimiento.

Al otro día a media mañana, mi abuelo carneo un novillo y cerdo para asar. Había que dar de comer a los comensales del dolor.

A mi tía Mañanita, no la ubico en qué lugar estaba y a partir de ahí se esfumo de mi vida y nunca más supe más de ella. Mis abuelos en total silencio, con una fuerza interior que unía sus corazones desgarrado, no había ningún reproche, lo hecho, hecho esta.

Lo que me resultaba tan grotesco, es como en esa situación de dolor, algunos comían y bebían, como si fuera un filme de Fellini.

Mis abuelos y mi madre en su interior, deseaban con ansias que esto terminaran, sentía necesidad de estar solos. No hubo un quiebre, tan solo en la soledad y el silencio, se sentía el sollozo de mi Abuela, Mecho y Pule ahí estaban.

El cuarto del medio

Cuando era pequeño, me aterrorizaba el dormitorio del medio, ya que, en la pared, a la altura del cielorraso, se desprendían tres gotas de pintura blanca, que curiosamente, estas parecían tres dedos que bajaban del techo.

Mis hermanos me decían que eran los tres dedos de la muerte, que, estando la pieza a oscura, tomaban vida y mataban. Dos se introducían en los ojos y el tercero en la boca y luego estos jalaban para arriba y le sacaba el alma quedando en cuerpo vacío y frio.

Cuando mis padres estaban trabajando, ellos iban a jugar a la pieza del medio e invitándome a mí, me dejaban solo en ella apagando la luz.

En la oscuridad, el terror se adueñaba de mí, balando como cerdo antes de ser faenado.

Un día me dejaron más de la cuenta y llore hasta dormirme, cuando mi madre abrió el dormitorio, me encontró dormido en la oscuridad.

Ahí me di cuenta, que esos dedos eran tan solo figuras en la pared y que en realidad no pasó nada de lo que mi imaginación me hacía creer.

Comprendí, que el miedo es algo que yo me imaginaba y que siempre, no coincidía con la realidad o con lo que uno espera que ocurra.

El desenlace de la película de terror, se esfumaba con el presente. La imaginación me llevaba a pensar en un futuro espantoso.

La idea motriz que daba razón a mis temores, me paralizaba. Después con el tiempo, empecé a experimentar otros temores más estructurados, que coaccionan: el temor a un castigo, al transgredir las leyes o preceptos que mis padres nos enseñaban, respecto a la moral y las buenas costumbres.

Así, el temor es como una autoridad superior, representado en la imagen, primero de los padres, la imagen religiosa y las normas o dogmas a la que no hay que transgredir por temor a un castigo eterno, las normas culturales, sociales, autoridad laboral etc.

Siempre respondemos, en algunos casos, hasta en los caprichos del jefe, que tozudamente nos hace realizar una tarea de una forma, sabiendo que el sentido común me está diciendo, que se lo podría realizar de otra manera más rápida y eficaz.

Por temor a no entrar en beligerancia con el superior, por temor a no perder el trabajo, soportamos quedarnos a trabajar más horas de lo normal sin recibir el pago de horas extras.

En todos estos ejemplos, no pensamos en nosotros como persona y el temor nos hace que entreguemos como un cheque en blanco al que supuestamente más que autoridad tiene el poder sobre nosotros.

Primero tenemos que aprender a amarnos a nosotros mismo y pensar que todo lo que hago tiene valor.

Vale todas mis energías puestas en una labor específica y una empresa funciona gracia al esfuerzo mancomunado de los empleados y no por que la empresa es empresa por sí sola.

El no tomar determinaciones para vencer a los miedos, es como estar parado frente a una puerta, que es necesario abrir para poder seguir viviendo o vivir mejor.

No tener miedos a los cambios, menos si estos servirán para mejorar mi propia vida. Vencer a las expectativas, que genera la incertidumbre de no saber a ciencia cierta, que nos deparara el destino.

Matar toda clase de supuestos previo a tomar una decisión. Aprender a vivir esa aventura del descubrimiento y el aprendizaje humano que esta experiencia me da. La incertidumbre es un motor, que me tiene que llevar a crecer como persona, conquistar nuevos, espacios, descubrir nuevas formas de realizar algo o el mero trabajo de aprender cosas nuevas en mi vida.

Renunciar a los PRE conceptos, que hiemos heredado de la vida.

Cuando sintamos que mi vida es un caos, es ahí donde tengo que tener un corazón aventurero de abrir puestas con nuevas posibilidades. El caos desaparece cuando me pongo en movimiento caminando en la vida buscando lo que anhelamos.

Tener coraje, ya que el miedo o el temor es para los griegos un desvalor, se lo vencía con una fuerza interior al que se lo denominaban valor, fortaleza.

La virtud (fuerza interior) de la fortaleza es la espada que mata todos los monstruos imaginarios que nos detiene.

Palabras en el aire

Me despertaron
Me despertaron tus pasos,
suaves, pausados,

en la cocina,
tu presencia me llama
a compartir
un desayuno, amor y vida,
Me dije, levántate ánima,
mueve este cuerpo de este estado,
ve al encuentro,
vamos despabila,
fui en paz a tu encuentro
y ya no estabas
en mi geografía.
En la penumbra del comedor,
un haz de luz,
que hiere las tinieblas,
y el aroma del desayuno,
se transformó en olor,
a comida.
no estás allí,
y mi alma se quiebra,
ante tu ausencia,
y me encojo por que
Me sacaron de cuajo,
tú presencia,
llevando contigo todo lo nuestro,
Y en vacío, está el delirio,
de verte y no verte,
tu voz que muere
cuando te respondo,
y el duro trabajo de mí conciencia,
para dialogar conmigo,
tan solo comunicarme
que no estás aquí.

Algunas veces veo,
que pasas por mi lado,
siento tu fragancia,
todo es una locura,
y no comprendo,
reacciono y conmigo me enfado,
porque no logro superar,
tu ausencia,
este delirio me tortura,
me siento desolado.

La partida

Cuando Juan decidió salir de casa, llevando en su mochila todos sus sueños, se despidió de los suyos con tanta alegría, que esta era sinónimo de distancia. Así fue, este cristiano cansado de su pueblito, que lo acogió hasta que maduraron sus alas, y como el espacio era reducido para su bitácora de vuelo y como las ganancias para sus sueños no le satisfacían, no le quedó otra opción que volar.

Estando lejos de casa los primeros días fueron toda una aventura, pero esta generaba más adrenalina en la medida que no encontraba lo que el soñaba y buscaba. Dejo atrás todos los consejos de sus seres queridos. En la soledad de su cuarto, más que cuarto era un lugarcito tan pequeño que tan solo entraba una pequeña cama. Toda su existencia se hizo tan pequeña, que el alma dejo de soñar, dejo de volar, estaba prisionero.

Pasado el mes, sentía una sensación amarga en el pecho. Sentía la ausencia de sus seres queridos, pero como todo joven que sus ideales es cuestión de guerra, no aflojaba en las batallas diarias que tenía que librar para conseguir un trabajo.

Había enflaquecido mucho, ya sin comer, entro en un estado de desesperación. Se cohibía llamar a sus padres, de escaso recursos y con su promesa que en gratitud el conseguiría un porvenir y volvería para ayudarle económicamente.

Un día ya sin haber pagado la pensión, quedo en la calle, el mundo con toda su indiferencia lo dejo lo hirió de tal forma que el torbellino de amargura y temor se le apodero del alma. Se dedicó a mendigar y tomar. Se perdió en las calles del Gran Buenos Aires.

Paso seis meses, y los padres de Juan estaban un poco ansiosos por este silencio respecto al paradero de su hijo. Una tarde llego del pueblo, un policía anoticiándole que su hijo había muerto.

La madre hasta el día de hoy reclama "Si el viejo le hubiese impedido ir", pero Él era consciente de que Juan ya era un hombre, tenía que hacer su vida.

Estas simples apreciaciones de la vida, en un momento de dolor son tan difíciles que dividen.

Qué difícil es tomar conciencia ante el profundo dolor, que ocasiona la ausencia del ser querido.

Qué difícil es madurar esta ausencia y ser consciente que ya no volverá. Muchas veces los recuerdos son tan fuertes que se trastocan con la realidad.

Qué difícil es comprender el dolor por la pérdida de un ser querido, y la intensidad de él, se debe a determinadas situaciones concretas.

No es lo mismo el dolor de la muerte de un padre que estuvo padeciendo una enfermedad terminal. Uno sufre con el dolor de Él, hasta llega uno a expresar "DIOS mío por favor llévalo ya, por favor dios mío que deje de sufrir".

El hecho de ir acompañando esa lenta agonía, hace de que la vida humana en ese estado, no tiene sentido.

La partida es algo lógico, algo razonable que da tranquilidad. Distinto es la muerte de un esposo, en lo que los lasos familiares están bien cimentados.

El padre que cuida y protege. El padre que acompaña a sus hijos en los distintos momentos. El padre que es esposo, amigo, novio y amante de la Madre.

La partida es un grito de locura, es un grito que no tiene consuelo, es un grito de desprotección, es un grito de inseguridad. Y los sobrevivientes tienen la dura misión de hacerse cargo de los roles que ocupaba.

Ahora si el Padre, era una carga familiar, ocasionando sufrimiento a todos, su partida es un alivio, pero siempre queda esa sensación de culpa, ¿Por qué no trate de dialogar un poco más? ¿Por qué no fui más paciente? ¿Por qué no me calle en aquellas oportunidades? ¿Por qué no le acompañe más? ¿Por qué? ¿Por qué?

Pero el sufrimiento más doloroso es la pérdida de un Hijo, se dice porque va en contra la naturaleza.

La vida de un hijo está cargada de todas las expectativas de los padres. Los padres sueñan con verlos crecer, ir superando todos los desafíos de la vida y verlos realizados como profesionales, como padre. Es una sensación de injusticia, es algo que no debería ser así. Para la madre es como sacarle la vida. El dolor de su partida genera grandes conflictos en la vida de pareja ya que los dos reaccionan de distinta forma ante la ausencia del Hijo.

Exige un gran esfuerzo de dialogo, de comprensión, de aceptar de que no es que uno sufra más que otro, sino que uno lo expresa de forma diferente.

Los hijos que sobreviven tienen que soportar a unos padres que se volvieron protectores, ya que, al no superar el duelo, tiene miedo que esto vuelva a suceder o son descuidados por los padres.

Puede darse que los tiempos de la pareja sean distintos, uno tendrá la capacidad humana de aceptar y madurar la perdida y la otra no. Esto trae como consecuencia unas series de trastornos: por ejemplo, responsabilizar a la pareja la muerte del hijo.

En cuanto a su vida de pareja, muchas veces las Madres, disminuye su deseo sexual en algunos casos o en otro aumenta, con el deseo inconsciente de tener otro hijo como la ilusión de que, de alguna manera el niño por venir tendrá o será igual que el hijo perdido.

También las relaciones sexuales desaparezcan. La mujer puede sentirse incapaz de desear si está triste o enfadada. Esto en el Padre puede ocasionar perturbaciones ya que su sexualidad es más genital y es capaz de separar el deseo de la emotividad.

Los padres tendrán que tomas conciencia que no están sufriendo solo, sino que están sus otros hijos o los abuelos y tíos. Lo importante en estos casos no aislarse, por más doloroso que sea es necesario establecer nuevos vínculos de dialogo, comprensión y aceptación.

Otra experiencia de dolor al que uno no le haya respuesta, es cuando un ser amado se suicida. Este sufrimiento está cubierto de grandes interrogantes: ¿por qué lo hizo? ¿Podíamos haberlo evitado?

¿Por qué no nos dijo que estaba pasando por mal momento? Quizás no lo comprendí etc. etc., y así los interrogantes pueden ser infinitos.

De acuerdo a los cánones culturales, si el núcleo familiar es muy religioso, sentirán una determinada vergüenza. Ya que, en la iglesia católica, los que se suicidan no tienen la misma despedida que aquel que muere. Incluso en tiempo atrás, al que se suicida, no se lo enterraba con la familia o con el resto de la comunidad, sino que iban a fosas separadas.

Ya que el suicidio era y es actualmente, catalogado como pecado mortal. Ante estos preconceptos hay que tener en cuenta que nadie se quita la vida porque quiere lisa y llanamente.

Aquel que lo hace es porque ha perdido sentido su vida. Su vida es tan tormentosa, que el suicidio es un camino hacia la paz, es un escapar de esa realidad del sufrimiento sin sentido. Ante los distintos casos de duelo es importante tomar conciencia de la pérdida del ser querido, y ante esta situación es importante vivir la vida día a día.

Es bueno tener guardados las pertenencias por un tiempo y luego deshacerse de las mismas, pero hay que tener en cuenta que si ya pasaron mucho tiempo y todavía sigo guardando sus pertenencias es sugerirle que acuda a un terapeuta. Es señal que no hizo el duelo.

Otros ante la muerte del ser querido, trata de deshacerse de todo y lo más rápido posible, que no quede vestigio de su existencia y así no sufrir recordándole, esto también es una negación y no es bueno, todo tiene su tiempo y el duelo tiene su propio tiempo.

Es comprensible que, en este proceso de duelo, uno siente dolor de cuerpo, dolor en el alma, una angustia insoportable y un torbellino de pensamientos y un gran "Por Qué", sin resolver. El pasado se aflora, los sueños del futuro se destruyen y un presente inseguro, incierto.

Es necesario manifestar el dolor, no es signo de debilidad como algunos piensa. Si uno siente que no puede manifestar, sería necesario ir a un Terapeuta. Es necesario llorar, hace a la salud manifestar los sentimientos. Si no tiene confianza de hacerlo ante los seres más allegados, por lo menos a solas en su cuarto.

Es necesario ir aceptando que el ser querido ya no está, y tener conciencia que el duelo en si me enseña y me fortalece.

Hace al crecimiento personal, ya que en la naturaleza nada es estático, es un mundo cambiante y ante esta realidad las pérdidas son necesarias para nuestra maduración, nadie nació para ser eterno, nadie nació para estar a la par nuestra eternamente.

Vemos en estas experiencias humanas un determinado proceso:

Rechazo: hay una repulsa a aceptar la realidad y querer no aceptar la pérdida. Hay una tendencia, a recrear la ilusión de que ya volverá. Se detuvo por razones de trabajo. En casos más graves, involucionan al pasado encontrando una dirección simbólica, al que se le escribe cartas.

Reconocimiento: este se manifiesta como una rebelión, una repulsa hacia la dura verdad.

Adaptación: es el principio de apertura hacia la vida. La vida sigue y tengo que asumir que el ser querido ya no está y a mí me toca por lo que queda vivir.

Inseguridad Ante La Verdad: Por el momento se pasa por una etapa de inseguridad, más si la persona tenía una relación excelente con el ser querido.

La ausencia le produce una depresión y abatimiento al saber que ella tiene que caminar sola y aceptar esta realidad. El afrontar y hacerse cargo de algunos roles del ser ausente que hace a la sustentabilidad de su vida.

Reconciliación: con la vida, es necesario aprender a vivir de nuevo, sin la persona que hemos perdido. La persona empieza a romper el aislamiento.

Una idea que nos puede ayudar es comprender que todo en la vida es un cambio, es un nacer y un morir. Que la vida es un continuo existir y en ese existir hay etapas:

Así como cuando él bebe está en el vientre de la madre. Esa vida para él bebe es su mundo, está en paz, lo tiene todo.

Pero cuando la placenta empezó a envejecer, ese mundo le fue quedando chico y la misma naturaleza le decía que tenía que morir a esa vida. Así es la vida una escuela de muerte y nacimiento. Tenemos que comprender que estamos de paso.

Es necesario de hacerme cargo de mi propia vida y no cargar con la responsabilidad del ser querido que ha fallecido. El ya paso, hoy por hoy la vida me dice que tengo que aprender a vivir de otra forma.

Generalmente el duelo puede durar un tiempo prudencial de 1 a 3 años. Todo depende de los recursos humanos que cada uno tiene. Fe, Esperanza, Resignación, Readaptación a nuevas circunstancias, Ganas de vivir etc. Tengamos en cuenta que el sufrimiento se hace insostenible se debe acudir a un Terapeutas.

Abriré mis puertas
Abriré las puertas
de mi corazón para
que puedas partir,
aunque vea las pisadas
por los lugares de mi vida
sé que me van a herir,
y por el momento
nada tendrá cabida.
Te dejo libre
como el viento
por si acaso quiera venir,
tengo el sueño y las
ilusiones del tiempo
para encontrarte ahí.
Tan solo me quedan momentos,

en que volé contigo,
nuestras almas desnudas
sin ningún abrigo,
tan solo amarte,
y en él amarte
el deseo de ser correspondido,
es lo que me despierta el alma,
y me mantiene vivo.
Por más que mi razón
construya mil estructuras
de complejas obligaciones,
morales, estéticas y
un cumulo de devociones
mas es una locura,
sí tú mi pequeña brisa
vienes con tus sensaciones,
destruyes en un segundo
las arquitectónicas construcciones,
mi corazón no escucha razones,
Por tenerte a mi lado,
más sé, te tienes que ir,
más no sé cómo sigue mi vida
no sé, no sé sin ti.
No sé cómo voy a llenar
el vacío lapidario,
y tú figura cual fantasma
a mi lado,
ese sueño tan fresco
distante y por momento necesario,
¿cómo compartir mi existencia?
si ya no estás aquí
El sentido del sufrimiento

Desde que el ser humano nace, manifiesta su llegada a través de un llanto, cuando toma una bocanada de aire para que los pulmones puedan abrirse por primera vez y por primera vez se da la oxigenación de todo el cuerpo. Al margen de ser algo común y anecdótico, no deja de ser cierto la primera experiencia de cambio o crisis que él bebe tiene que experimentar.

Digamos que desde el vientre materno él bebe se encuentra contemplando la frontera de su propia existencia, los sufrimientos del mundo que lo contiene, Su Madre.

Una vez que está en el nuevo mundo, su propio cuerpecito como mecanismo de supervivencia, experimentará el hambre, el frío, el calor, el miedo, los ruidos etc., ante cada una de estas situaciones se sentirá como sujeto, sentirá a nivel conciencia que es EL, el que está sintiendo sensaciones hasta ahora desconocidas, lo que le ocasiona un determinado temor o inseguridad ante el sufrimiento. -

El que estaba en un universo que lo satisfacía todo y lo contenía. Ahora está en un mundo inhóspito que por primera vez se está identificando con su propio sentir con su propio Yo.

Cuando él bebe sin querer realiza un movimiento brusco y se golpea siente dolor en la zona afectada que, si no es grave con un poco de mimos y contención, el dolor pasa como así también el llanto.

En cambio, acá podemos diferenciar dos aspectos: uno es el sufrimiento y otro es el dolor. Vamos a llamar dolor a lo que es corporal, a lo que el sujeto experimenta al sentir una molestia, o una sensación fuertemente desagradable en algún lugar del cuerpo. Lo sienten todos aquellos seres vivos que poseen sistema nervioso.

Aparentemente veo que el "sufrimiento" es una sensación que no nace en el cuerpo, sino que es subjetivo, existencial, uno lo siente una sensación de impotencia en el pecho, como si fuese este la caja de resonancia del alma. Como se diría es un sentir molesto, irritable a nivel psicológico que ataca o interpela el orden afectivo en la que estoy inserto. -

El hombre por naturaleza experimenta el dolor y el sufrimiento. El niño empieza a sentir hambre, sensaciones desagradables que el mismo organismo pide ser satisfecho con el alimento. Su primer llanto será el de llamar la atención.

Pero si lo dejamos llorar solo, observaremos un llanto con desesperación, que habla de desprotección, soledad, auxilio.

Aquí vemos un dolor físico que me indica algo y una manifestación, una conducta del bebe, que es la forma de cómo es el llanto, me indica el reclamo de protección y con ello satisfacción. Siempre el hombre se moverá en estos dos parámetros.

Dentro de todo si padezco algún dolor o molestia en el cuerpo la solución rápida es ir al médico, pero ¿qué pasa cuando el sufrimiento obnubila el alma? ¿El sufrimiento que ocasionan los prejuicios morales, la discriminación sea cual fuere? Existencialmente uno siente esa angustia que cala profundamente e inexplicablemente tiene otro sentido que el dolor físico.

Este sufrimiento habla del desapego, de cambios que me producen inseguridad, temor. Es el deseo a aferrarme al momento o vivencias que me daban esa sensación de paz y orden en el que el mundo que me rodea y me acoge se me vuelve hostil por fuerzas extrañas. -

Pero es el mismo, el que ante estas situaciones límites, me hacen tomar conciencia del "aquí y el ahora", de la oportunidad para tomar conciencia del eterno valor de la vida, de su orden y en el lugar en el cual me encuentro inserto

Cuando desde ese lugar contemplo y con fe me aferro a un ideal de vida en la que me siento pleno en todo mí existir, es ahí, que el sufrimiento es un disparador de conductas con una fuerte carga positiva.

Es la naturaleza y la existencia misma del hombre que busca abrirse paso ante la enajenación del mundo moderno. Podemos decir que el sufrimiento hace fuerte a los débiles, hace valiente al cobarde, generoso a los egoístas, sabios a los mediocres, sinceros y rectos a los hipócritas y da la luz ante la misma muerte.

Estos valores o actitud de vida es lo que persigue la logoterapia sacar a luz los elementos esenciales de la existencia humana. El sufrimiento y el dolor es un punto de partida real para ayudar al ser humano alcanzar la felicidad, la realización de valores humanos y aquellos que lo ayuden a trascender de la humana naturaleza.

Lucía

Se llamaba Lucía, había entrado a trabajar en el mismo lugar donde yo estaba. Su ex marido era mi compañero de trabajo que decidió renunciar para que le dieran a ella el trabajo o el cargo vacante ocasionado por su ex. Nadie la conocíamos personalmente, ella sentía que todo era un desafío. La imagen y la reputación de Alfredo pesaban sobre sus hombros.

Nos costaba aceptar su actitud de competencia con ese fantasma, pero a su vez ella sentía nuestras miradas examinadoras y lo que uno realiza sin darse cuenta algunos, otros con total intención, el comparar y descalificar.

Estando en la oficina de personal, conversando le pedí disculpas por mi actitud tan egoísta, y le dije que lo ideal sería que ella fuera tal como es, sin necesidad de estar compitiendo con un fantasma. Ser Uno Mismo

Dentro de lo que actualmente llama la Psicología Positiva, tener una madurez emocional o tener una inteligencia emocional.

Para comprender mejor el tema voy a contar un cuento:

Cuando Gautama Buda ingreso en la iluminación, empezó a realizar peregrinación hasta el convento que estaba en el Himalaya, e iban con él sus discípulos unos más fieles que otros. En la comitiva había uno que dudaba de su madurez espiritual y el dominio de sí mismo. A medida que iba parando en los poblados, este se encargaba de prepararle momentos de bochorno, contratando mujeres, organizando personas que le creaban problemas, haciéndole faltar la comida, boicoteando el descanso. Después de haber caminado 30 días, llegaron al convento. El discípulo extrañando que todo hubiera pasado como si nada, esperando que Buda lo llamara o le hiciera una observación. Al no ocurrir lo pensado, este lo increpo diciendo, ¿maestro no piensa decirme nada?

¿Qué quieres que te diga?

Contesto el Buda, maestro yo fui el que te ocasiono todos los problemas durante la peregrinación, porque dudaba de tu santidad, pero mi asombro es por saber una cosa, que para mí será de gran importancia. ¿Cómo lo hiciste, como lograste el dominio de ti mismo? ¿Cómo lograste dominar el cansancio, el hambre, el bochorno, las injurias contra tu persona, el descrédito que te ocasiones?

Hijo, contesto el buda mirándole con una gran paz, si alguien te regala algo y tú no lo quieres

¿de quién es el regalo?

En la vida siempre tenemos regalos, algunos nos enaltecen, otros reconocen nuestra persona, pero otros nos hacen daño, hay regalos que tienen sabor a traición, a desprecio, a humillación, a falta de respeto y reconocimiento de nuestros esfuerzos cotidianos y eficacia en lo que hacemos. La solución para esos momentos es no aceptar el regalo. El regalo vuelve a las manos que nos lo quiere dar o a la situación que nos la quiere dar.

Así en una de las tantas anécdotas de la vida de Gautama Buda nos hace ver: que es lo que estoy recibiendo de las personas que me rodean, del medio en el que vivo, de mis parientes, amigos etc.

Lo que me quieren regalar:

a) embellece mi ser,

b) me hace sentir en paz,

c) es denigrante para la dignidad del ser humano.

Qué intención hay detrás de este regalo.

No involucrarme con el regalo.

No involucrarme con la persona que me regala, no generar tensión, tan solo tener una pacífica expectación de los hechos.

A pesar de todo, tener una actitud de silencioso agradecimiento, por que cual fuere el regalo, la persona por bien o por mal nos tiene presente. Llamamos su atención.

Con gratitud veremos con más agudeza las intenciones y sabremos si podemos aceptarlo o no.

Tomar conciencia del aspecto positivo de nuestra vida, del medio en que nos movemos. Indagar, meditar en nuestro interior, buscar aquellas piedras preciosas que tenemos ocultas por causa de las preocupaciones y aflicciones pasajeras.

Ayudar a que los demás encuentren el camino del autoconocimiento y de la sabiduría.

Aprender a regalar lo mejor de nosotros mismo al prójimo, a la naturaleza y a los seres que amamos. -

"el que busca ser amado, respetado y comprendido, antes debes sembrar paz, bondad, amor y compasión" Buda año 560-480 A.C.

Cada ser humano desde su nacimiento tiene una larga batalla hasta su muerte. Es que el sufrimiento forma parte de la experiencia humana y que nadie sale ileso de él.

El dolor puede ser llevadero, por azarosamente que fuere el soportarlo, es mucho más difícil llevar adelante el sufrimiento, ya que este te trastoca el alma, mucho más cuando no aceptamos los límites y la dualidad en la que se mueve. Hay personas que sufren tan solo por el hecho de que naturalmente, hace frío, ya sé por qué hace calor, ya por que llueve, ya por qué no llueve. Por estas cosas pasajeras y naturales, que ocurrirán todos los días de lo que le toca vivir, al no aceptarlas, le hace perder su paz. Pero hay sufrimientos que muerden profundamente el alma y como reptil la envenena, muchas veces se puede hacerlo llevadero y aceptar situaciones, pero le dejo la marca por el resto de sus vidas.

Indudablemente, el dolor físico es soportable, ahora mucho mejor con medicamento, pero cuando el sufrimiento ronda nuestro ser, tenemos que realizar un acto de para toda nuestra existencia, ya que este, como se manifiesta tempestivamente, es necesario buscar las raíces, sus causas, ver con objetividad lo que me hace sufrir, de esta forma el sufrimiento se lo utiliza como instrumento de crecimiento personal y toma sentido mi existencia cuando nos vemos reflejado en el sufrimiento de los demás.

Cuantas veces
Cuantas veces pase,
Cazando sensaciones,
Tamizando sueños
A cada instante,
Los vi morir en mis manos
Con sus emociones
Cuantas veces invertí
Mis energías,
En proyectos lanzados al futuro,
Con las esperanzas que
Llegará algún día,
La vida me diera para la
Felicidad su turno,
¿Qué es lo que me quedo?
Tan solo el momento.
De vivir el ahora
Sin arrepentimiento
Tan cierto como la tierra,
O como el firmamento,
Momentos para pensar,
Para cautivar,
Todas tus expresiones.
Para guardar en mi corazón
Y llevarlas aquí adentro.
Donde vivo tu presencia
Sin tener en cuenta el tiempo

Filón de Alejandría

En el camino de la sinrazón, de la turbulencia espiritual, de la pasión
ciega, de la ira, del egoísmo, del orgullo es cuando el sufrimiento

aparece, impidiendo a nosotros aceptar nuestra naturaleza y sus limitaciones.

Perdemos la visión de lo que la vida nos da, y al no ver, no aceptamos lo que nos toca vivir. Volamos en una realidad construida con sueños productos de nuestras expectativas,

"yo creía que mi hija no me iba a traicionar, pero mira quedo embarazada"

"hace 20 años que no le hablo a mi padre, realmente se pasó de la raya, con sus comentarios y actitudes"

Paso 20 años y todavía el pasado sigue pesando en mi existencia y nos convertimos en verdaderos mochileros, cargando del pasado todas nuestras desavenencias que nos impide de vivir la vida más livianas y felices de lo que nos toca vivir en cada momento. Esta desavenencia se da por qué cargamos de expectativas, pero no vimos la realidad.

Pero con aceptación de nuestros límites, de que el pasado ya paso, de que el futuro muchas veces son sueños de nuestros anhelos no cumplidos que proyectamos sobre nuestros hijos, familiares, amigos, compañeros de trabajos etc.

Cuando conocemos a alguien que está pasando por un conflicto parecido, nos descubrimos a nosotros mismos e insólitamente nos volvemos receptivos del problema del prójimo, nos estamos compadeciendo.

En el dialogo con él, volvemos a descubrir una luz nueva de nuestras cicatrices, comprendiendo más profundamente el sufrimiento ocasionado, pudiendo ser compasivo con este. En esta actitud humana es donde encontramos los instrumentos para ayudar a las personas a superar sus sufrimientos.

Siempre en el contacto amable y cariñoso, la palabra simpática y comprensiva, el calor de la empatía, dicen a una persona que la lucha es necesaria y hay que resistir porque uno no está solo.

La compasión en el sentido espiritual nos protege, evita que nos ahoguemos con los sufrimientos del mundo y nos permite usar la fuerza del corazón para mostrar solidaridad y atención a los demás.

"tener conocimiento de mí mismo, de la vida en mí y de mis muertes, significa necesariamente, tener compasión por todo lo que vive y muere"

Un cuento

Un día, un príncipe se vio poseído por la convicción de que era un pavo. Nadie pudo disuadirlo de comportarse como un pavo; y el príncipe acabo viviendo debajo de la mesa, desnudo y comiendo migas del suelo. El rey hizo venir a los médicos más prestigiosos para que trataran a su hijo, pero el príncipe continuaba igual.

Un buen día, llego un sabio a palacio diciendo que él podía ayudar al príncipe. El hombre se desnudó, se colocó debajo de la mesa y empezó a comer migas. "¿Quién eres?, pregunto el príncipe pavo", "Soy un pavo", respondió el hombre, lo que satisfizo al príncipe.

Al día siguiente, el hombre volvió e hizo lo mismo, pero esta vez se puso una camisa. "¿Por qué llevas eso?", pregunto el príncipe "Se puede llevar camisa y seguir siendo un pavo", explico el hombre. Así que el príncipe también se puso una camisa.

Al día siguiente el hombre se puso sus pantalones. Misma pregunta, misma explicación, mismo resultado. Y así sucesivamente con toda la ropa, hasta que el príncipe, siguiendo el ejemplo del hombre, salió de debajo de la mesa y se incorporó. Después de una semana, los dos estaban completamente vestido, sentados a la mesa y cenando con el rey.

"nuestra tarea debe ser liberarnos a nosotros mismos, ampliando nuestro circulo de compasión para abrazar en el a todas las criaturas vivientes y la totalidad de la naturaleza y su hermosura" Albert Einstein

Los avances del mundo occidental en la armonía del ser humano estuvieron relegados a copiar formas de comportamientos y valores que vienen de otras personas o líderes religiosos.

Desde la época de Platón, cuando escribe la vida de Sócrates y su experiencia con la pitonisa de Delfos, la respuesta a la pregunta ¿dime, como puedo llegar a ser sabio? Ésta le contesta: "CONOCETE A TI MISMO", experiencia y anécdota que se la recuerda como algo histórico.

Como también, la práctica religiosa del examen de conciencia diaria, en la que se dedicaba una hora para meditar, el obrar diario y el escribir nuevos propósitos en un cuaderno personal, para superar los yerros morales.

En el siglo XX con la Psicología profunda o psicoanálisis: la cura de todo tormento mental y del alma, está relacionada con el pasado. Este pasado tortuoso quedo olvidado en las profundidades del ser y había que sacarlo a la luz del mundo presente. Este daba fundamento a los temores y comportamientos incomprendidos del ser humano.

Luego con la Psicología de la Gestalt, se analiza que el problema no está en el pasado del ser humano y en muchas ocasiones no está en él, sino en la relación que él tiene con las estructuras o fuerzas psicológicas que entran en discordia con las estructuras personales. Así uno puede tener conflictos, que no podemos superar, que nos desequilibran como ser: La familia, la sociedad, el poder político, las amistades, el colegio. Dentro de la familia, puede que en la relación con la madre o con el padre, o la relación de los hermanos con la madre etc. podrían generar conflictos.

Pero siempre la relación personal está volcada hacia fuera. En cambio, el conocerse, asimismo, este legado de Sócrates quedo reflejado en Oriente.

En este sector del hemisferio, se utiliza una palabra "La Iluminación".

Es que la iluminación, es la propia fuente de la vida de todos y cada uno. Es darse cuenta del hecho de que,

"yo soy lo que siempre he querido ser, y nunca he sido otra cosa" "simplemente yo soy"

La naturaleza es algo, la naturaleza eres tú y tú eres fuente de vida, tu propia existencia, esta ira contigo a donde tú vayas. Si te pones en el fondo de tu casa o entras en contacto con la naturaleza y quedas en total silencio, a cabo de una hora experimentaras esto: "Yo Soy con y en la naturaleza. Te encontraras contigo mismo en la propia respiración, como único ser en armonía total con la naturaleza, como formando parte de una existencia total".

A muchos desde temprana edad, se nos inculca un camino de felicidad, como que para llegar a ser feliz hay que hacer ciertas cosas y no otras. O Ser otras o como otras personas y obrar como ellas obran.

Pero para ser feliz, no hay que ser otras personas, primero tengo que descubrirme y con tu luz interior encontrar a la naturaleza en mí, al "Yo Soy".

Menganito, fulanito, buda, Jesús, cada uno fueron en sí mismos buscadores de la verdad. Ellos hicieron lo que en su interior escuchaban, esa voz interior, les decía que era lo correcto o que no lo era.

Hay una voz interior en ti, que te marca el camino y cuando la sigues te encontraras a ti mismo, rodeado de una paz interior y un regocijo único.

El camino está en ti, deja de distraerte de las voces pasajeras que te lleva a dividirte a ser otro. Lo único que hay que evitar es aquello que te separa de ti mismo.

Nunca aceptes ningún criterio que te haga sentir desdichado. Nunca aceptes nada que intente imponerte algo en contra de tu naturaleza.

Hay personas que disfrutan de su desdicha, exagerando la misma, buscan la compasión ajena, sitiándose aceptadas cuando las personas que les rodean responden a sus requerimientos. Pero cuando esto no ocurre, muda sus desdichas, por otras nuevas y en la historia personal las acumula, cuando logra atraer a más personas, entran en una aparente tranquilidad.

Estas personas viven buscando afuera, lo que en realidad lo tienen que hacer hacia adentro, pero se han perdido así mismas, han perdido el camino que los lleve a la propia naturaleza y ser de la vida, al Yo Soy.

Muchas personas creen que amar es ayudar al prójimo. Confunden altruismo con amor, confunden amor con el deseo sutil de esperar aceptación de los demás. Las personas que no se conocen a sí misma, que no ha descubierto en si misma al ser de la vida, son como un ciego que guían a otro ciego. Como no se conocen, conoce el obrar y la vida de otras personas y creen que imitando su obrar es el camino de la salvación. ¿Pero de que hay que salvarse?

Conviértete en Mahatma Gandhi, conviértete en Dalai Lama, se cómo es Jesús, Se cómo Moisés, Se cómo San Francisco.

Cada vez que queremos ser otro distinto de lo que somos, nos quedamos fuera de uno mismo.

Tú eres tú mismo. Una cabra no quiere ser un elefante, no quiere ser un perro, es una cabra y morirá cabra. Tu naturaleza te identifica como único, como Yo Soy.

Cada uno en su lugar, hay que ser lo que la naturaleza nos dice. El hombre es el único que cuando no se conoce asimismo quiere ser otro. Es el único ser de la naturaleza que sufre ansiedad: 1) Por querer ser otro contrario a su naturaleza. 2) Por querer obrar de otra forma distinta, por no conocerse a sí mismo y no aceptar su obrar. 3) Por querer tener lo que los otros tienen.

Todos los niños son inocentes, únicos, puros, espontáneos. Hasta que lo grandes les dicen que tienen que ser otra cosa distinta de su naturaleza. Una cosa es que estudie los conocimientos necesarios para crecer en la vida, otra es que se les inculque prototipos de personas u oficios. Todo empieza cuando le decimos "vos tened que estudiar para que llegues a ser médico, ingeniero, vos tened que ser bueno como José, como Juan, como el niño dios"

Yo a mis hijos le digo: Hijos sean ustedes mismo, sean dueño de ustedes mismos, conózcanse, mediten y siéntase uno con ustedes y con la naturaleza. Hijos estudien es necesario estudiar y leer, pero sean lo que ustedes realmente quieren ser. Los que su corazón les diga. Hijos dediquen algo de su tiempo para estar con ustedes mismos y escuchen la vos de la naturaleza del Yo Soy.

"simplemente se natural, para que puedas seguir en armonía con la naturaleza y estar unido a los árboles, a las montañas, a las estrellas y con el ser. Ahí estará tu paz, tu gozo y tu luz."

Recuerdos, el niño y la pedagogía

Una tarde, volvía con mis hijos del dominical paseo, sazonado con momentos de diálogos muy hermosos. Tomando distancia en la conversación, escuchaba los planes que ellos hacían al llegar a su casa. Ya habían proyectado ver la película Scare Movie II, por segunda vez, pero a esta edad siempre encuentran algo nuevo en el re play.

Javier el mayor de los varones, se acordaba de la primera versión: "te acuerdas papa, cuando éramos más pequeños, tu no querías que viéramos esta película, decías que no era conveniente para nosotros" Mirando a los ojos le dije "así es hijo, en ese momento no me gustaban algunas escenas, pensaba que no eran apropiado para ustedes"

Pero papa, esa misma tarde la vimos en la casa de la tía, era re graciosa.

Papa, acoto Ignacio, sabes después de mucho tiempo me di cuenta el porqué de tu negativa. Pero a la edad que teníamos no miramos, o no nos damos cuentas, de las cosas que tu no querías que viéramos.

Tiene razón Ignacio, intervino con su opinión Hernán, por más que salieran chicas semi desnudas corriendo, para nosotros era gracioso, que al correr se le rompa la ropa y se le vea los pechos o la forma muy estúpida, como el asesino mataba.

Este dialogo me dejo pensando, en la inocencia de sus ojos, ellos no miraban lo que yo miraba.

Cuan diferente podemos percibir la realidad, los seres humanos, más aún, si el que mira tiene una estructuras o valoraciones diferentes a la nuestras, muchos más las que salen como consecuencia del temor.

Mi temor y mi estructura mental me decía que estas imágenes eran obscena, sucias, malas etc. Y este era el móvil de mi proceder.

Ellos con su inocencia, no veían lo que yo consideraba algo sucio, pornográfico, pero para ellos todo era inocente.

Cuantas veces creamos estructuras en nuestros hijos en base al temor, temor por el pecado o temor a que despertara a la sexualidad desde un enfoque que no era acorde a mis principios religioso.

Mientras caminaba, pensaba en los niños, que vienen al mundo inocente y desde la más tierna edad recibe una variada cantidad de estímulos.

Para muchos psicólogos, sostienen que las primeras experiencias del niño, va a conformar su individualidad a través de los primeros meses de vida, en la que la madre lo cobija en sus brazos, al darle la teta (el pecho), al hacerle arrumacos, al asearlo, él va descubriendo su propio cuerpo.

Creo, este es un criterio personal, ya él bebe experimenta su propia individualidad, estando en el vientre de su mama.

Esta manifestación de amor de parte de la madre, le da seguridad al bebe, trayéndole reminiscencia del paraíso perdido, donde lo tenía todo.

La sensación de hambre y al no estar cubierto, al no sentir algo que lo contenga, se siente desprotegido. El amor de la madre y el pecho, la mirada y los mimos es la felicidad plena del bebe.

Me acuerdo con mi primer hijo, por ser el primero, estábamos encima de él, pendiente de todo movimiento que el relazara, "cuidado que se cae", "que no toque eso porque se puede lastimarse", "cuidado que se va a golpear"; toda esta advertencia era estímulos que iban acompañado de una profunda inseguridad, el temor que al bebe le pasase algo. Y si él se caía, era todo un escándalo familiar, donde las acusaciones mutuas, en la que también participaban los abuelos, eran las primeras lecciones de melodrama.

Lo triste que nosotros educamos a nuestros hijos de una forma y después le exigimos, ya más grandecitos, que sea de otra.

Le llenamos la cabeza de críticas, intolerancias a su forma de ser, sin ponernos a ver, que es la síntesis de los que nosotros le dimos y de lo que somos.

Ellos son la imagen que nosotros le transmitimos y luego no aceptamos.

Ya que utilice el término "educamos", me puse a buscar que significa la palabra educación. Viene del latín de dos conceptos que son sus raíces, educare y educere.

La primera edu-care, hace mención a la acción que uno hace para sacar algo a la luz, es decir sacar lo que está oculto. En el niño en los primeros años de vida lo que está oculto es todo lo bueno que está en potencia (lo que puede ser), en el niño, hacerlo realidad, ponerlo en acto.

Un ejemplo archiconocido, dice que estaba Miguel Ángel contemplando un gran bloque de mármol, llamaba la atención porque estaba absorto. Maestro, le interrumpió un discípulo, que es lo que miras tanto es tan solo un bloque, él le mira atónito y le contesta, no Fra Angélico, no te das cuentas que adentro esta la Virgen María y en su rodilla tiene a Jesús muerto (La Piedad), y tengo que descubrirla para que la conozcan.

El ser humano desde el vientre materno es como un bloque de mármol, ¿Qué contemplamos en este ser? ¿Qué queremos descubrir en él? ¿Habrá que descubrir la imagen de Dios? ¿Qué imagen queremos sacar a luz?

La educación es una palabra sagrada que no tenemos en cuenta, es una transformación desde adentro para afuera, es dar a luz. La única herramienta es el amor, es mi opinión, si no utilizamos el amor estaríamos adiestrando, instruyendo, llenando de conocimiento, pero no educando.

El otro concepto que para mí no tiene tanta fuerza, es E-DUCERE, que significa "el que conduce", el conductor tiene una determinada finalidad, sabe a dónde tiene que llevar al conducido. Nosotros subimos al taxista y le decimos llévanos al centro comercial, él sabe por dónde tendrá que ir. Pero nosotros somos mayores, en cambio en el caso del recién nacido, no sabe nada. Nosotros le ponemos una determinada finalidad a sus vidas. ¿Qué es lo que queremos de nuestros hijos? ¿Cómo queremos que sean nuestros hijos?

Tanto en los dos conceptos, el recién nacido no viene manifestando que es lo que quiere ser o donde tiene que ir su existencia. Depende de los padres o aquellos que están supliendo su ausencia.

Otro concepto que es parecido es Pedagogía, viene del griego pedes-gogo, es que camina al lado del niño, el que acompaña.

En la antigua Grecia, los niños a partir de los dos años, eran desarraigados de los padres y se lo ponía en la escuela y se le asignaba a una persona que era responsable de la educación como ciudadanos en la poli.

La educación es un lindo tema para tener en cuenta. Estamos educando, instruyendo, adiestrando, llenando de datos científicos. A dónde va la educación.

Las formas
La forma llega,
La forma te interpela,
Las formas te seducen,
La forma es tu mirada,
Una, cuando la acompaña
Una lagrima,
O cuando la luz en ti
Se ve Reflejada.
La forma por la luz
Debelada,
Es el condimento de la vida
En su lucha cotidiana.
La forma en el caos,
Y el caos se da a conocer
En sus formas variadas
Que interpelan
Tenemos que elegir una.
La que contenga
Lo que se nos escapa,
Y difícil alcanzarla,
Formas escondidas a los ojos
Humanos,
Pero a nosotros manifestada

Un toro en el corral

Todas las mañanas, mi primo y yo teníamos el trabajo de ir al cerco, donde pastaban los animales y traerlos al corral.

Ahí, antes de la salida del sol, se maneaban a las vacas a la par de sus respectivos terneros y se las ordeñaba.

A media mañana, ya sacada la tarea con los animales, nos gustaba jugar con los novillos, ya que eran mansitos, dándoles un poco de azúcar ellos nos seguían por todo el corral.

Un día, entro con nosotros al corral, molof, el perro preferido de mi abuelo y empezó a molestar al toro.

Este nunca nos hizo nada, pero se enfadó tanto este pobre animal, que por querer apartar a molof de este, me empezó perseguir a la vuelta del mismo, no sé de donde saque agilidad y fuerza, ya que salte el alambrado de una determinada altura, sin tomar conciencia de que me podría haber quedado enganchado en las púas que este tenía.

Es el peligro, una situación límite en la que se pone en juego nuestra seguridad es la que nos lleva a realizar toda una hazaña de vida o muerte.

Todo mi cuerpo se tensiona para huir o luchar contra un peligro inminente.

Estas fuerzas internas, que se desencadena también es estrés que en este caso es un mecanismo de defensa o supervivencia.

También al estrés lo experimentamos cuando nos sentimos inseguros, ya sea por presión en el trabajo, por situaciones económicas que nos vulnera al no tener lo indispensable para vivir, los problemas de pareja, falta de dialogo con la familia y la soledad no asumida y resuelta etc.

Lo que está en peligro, ante estas situaciones que produce el estrés, es la satisfacción plena como ser humano. Como reacción ante estos hechos, de gran carga de emociones negativa sentimos: inseguridad, rabia, perdida del sueño, tensión en el cuello, hombro y espalda, fuerte estado de ansiedad que nos lleva a tener un apetito desordenado y en el otro extremo es cuando somatizo por medio de una gastritis, en el peor de los casos se desencadena una ulcera de estómago. Se vive procesos de mal humor y a consecuencia de eso la vida afectiva se reciente en todo sentido con todos los vínculos que tenemos.

Para ello:

- Ante esta situación, es imperioso tomar conciencia del proceso en la que estoy inserto.
- Observar aquellas reacciones por medio de la cual, el cuerpo nos advierte que está soportando una fuerte presión emocional, que nos tensiona y se somatiza.
- Observar los estados de ánimos, como ser: depresión, angustia, tendencia a aislarme de los vínculos afectivos, sensación de abandono.
- Ver los signos con la que el cuerpo nos advierte, ver cuáles son las circunstancias y en qué momento.
- Desarrollar o tomar conciencia de mi mismo y de mi cuerpo, tomando conocimiento de mis sensaciones, emociones, pensamientos. Ver la causa directriz o motor que desencadena estos procesos.
- Responder con conciencia, dando respuestas a neutralizar la causa que la produce. Por ejemplo: si estoy soportando la presión laboral para cumplir con algún objetivo impuesto, tomarse unos diez minutos, mínimo cinco, sentarse y cerrando los ojos concentrarse en la respiración, observando la entrada y salida del aire. Esto me ayudara a relajarme. Separar las cosas urgentes de las importantes y puntualizar la actividad en las cosas importantes que hacen al cumplimiento del objetivo.
- Cuando tenga momento de ansiedad, seguro que esta situación me llevara a realizar ingesta. Trate de ingerir, frutas o en su defecto coma una ensalada. Tomar como mínimo un litro de agua, lo normal dos litros, disminuir o erradicar la ingesta de café.

- Aprender a escuchar. Si una persona está molesta, no es con nosotros, sino es consigo mismo, ya que algo de nosotros es el desencadenante de lo que el proyecta en nosotros dando paso al problema no resuelto, ese malestar. Aprender a escuchar con empatía, sin involucrarnos en el malestar del otro, por más que él, me quiera llevar a su terreno de beligerancia, de la no aceptación de sí mismo. "SI ALGUIEN TE QUIERE HACER UN REGALO Y TU NO LO QUIERES ¿DE QUIEN ES EL REGALO?", El mal humor de las personas son regalos que nos lo quieren dejar, porque ellos no los soportan en sí mismos.

- Ser consciente de lo que nos ocurre, ser responsables sobre nuestros estados anímicos. Por eso hay que vivir el aquí y el ahora. Los temores, motor del estrés se proyecta hacia un futuro hipotético que nunca ocurrirá como lo imaginamos, para eso, vivir el aquí y el ahora. Reducir el piloto automático, sacar de mi mente las cosas del pasado.

- Complementar con gimnasia, salir a andar en bicicleta, hacer yoga, realizar dos veces al día meditación para encontrarme conmigo.

Vivamos plenamente la vida, con la curiosidad de descubrir nuevos horizontes que nos enriquezcan humanamente y con confianza en nosotros mismos

Una de tantas palabras
sobre el amor

El primer beso
Parecía que la tierra se detuvo
el movimiento, el sonido,

la brisa y luego todo desapareció,
no había ser alguno,
tu mirada y la mía
tan solo tú y yo
el momento nos contuvo.
solo sentía tu respiración,
tan cercana, tan mía,
podía saborear tu hálito,
que jugaba en mí,
lleno de vida.
tus labios rozaron los mío
de mil formas,
como dulces caricia,
como antesala de una
gran entrega,
sentí en mí,
tu vida misma,
cerrando los ojos,
no era necesaria la mirada
estábamos aquí,
pero volábamos lejos,
tu ser era mío,
te entregaste como
un bello tesoro
antes de terminar el día,
y te correspondí
éramos uno, en una
danza divina.
me lo diste todo,
sin llevarte
a mi aposento,
no era necesario,

aunque tembloroso
estaba nuestros cuerpos,
no era el deseo,
ni la necesidad,
sino, el no saber manejar,
el encuentro.
nos seguimos dando
y la noche nacía,
me elegiste, aunque
haya sido minutos
dormidos en el tiempo,
más todavía viven en mí,
aunque la vida paso y
todavía te llevo dentro,
te levante.
como ofreciéndote
al cielo,
al dios que
es el amor
por sentirme tan pleno

Escritos sobre amor

Muchas palabras se han escrito acerca del amor, bibliotecas enteras de hombres encumbrados e intelectuales, en la que narraron sobre sus características, sobre sus raíces divinas, pero es el hombre quien da testimonio de Él, es El que manifiesta lo siente.

Lo más popular, lo más universal, es la figura de un ángel y una flecha, como si por arte de magia o sortilegio divino, uno queda antojadizamente enamorado por el aguijón de un ser espiritual, que enlaza o hiere a dos seres humanos por una mágica atracción.

"mira no sé qué es lo que tienes, pero me encanta"

¿Pero cuál es el origen de esta fuerza, esta atracción fatal?

Todo río nace de un hilo de agua cristalina, que se desprende en la inmensidad de una montaña, que al bajar adquiere tal caudal que arrasa todo, para luego perderse en el océano.

Así el amor nace de una forma primitiva, en la profunda y oscura necesidad de una compañía, es tan profunda como la naturaleza misma del hombre, que en su individualidad y en esa experiencia de ser uno, irónicamente desea estar en otro y ser dos en uno.

Como si no aceptase ser único e irrepetible, le atrae ciegamente los otros únicos.

Pero este mundo relacional que teje a lo largo de su vida, no es una actividad a ciega, sino que va eligiendo con quien.

No es tan solo la necesidad existencial de saciar esta ansiedad que me produce la soledad, por más que lleve una vida asumida, la opción de vivir solo, pero siempre existe esa necesidad de relación.

Pero, esta necesidad y esta relación con un "con quien", no es ciego, sino que particularmente atractivo.

Algo golpea a mis sentidos y percibe lo distinto que hay, de los otros individualmente únicos.

Algo encontró en el otro, "mira es más pedante que bicicleta sin pedal, no sé qué le vio al tipo y está loca"

Digamos que no vio, es elemental, digamos ¿qué es lo que sintió?

Aquí se juega un elemento primordial, el sentir.

Muchas veces sentimos esta expresión "mi amor, no sé cómo explicarlo, pero en nosotros hay química"

Y en esta química primitiva de nuestra naturaleza, hay también un sentido primitivo que es la del olfato.

Si, nuestras hormonas tienen la función, de que, en sus actividades de laboratorio, elaborar un aroma único, que nos caracteriza a cada uno de nosotros, y esta, habla de nuestra naturaleza e incide en la elección de amistades, con quien relacionarnos y también con quien aparearse para mejorar la especie.

Así la mujer es la que elije, al mejor macho de acuerdo a su naturaleza, a lo cual se sentirá atraída para procrear.

Pero estos olores aparentemente son reciproco, ya que de un grupo de mujeres con aromes parecida el varón buscara la más apetecible para sus sentidos.

Esta atracción primitiva, va acompañado de estereotipo culturales, que muchas veces se frustra la elección, si el individuo al ser racional, se deja llevar por los cánones culturales, pero para el amor, como nace de un elemento primitivo, lo más importante es sentirlo.

"el corazón tiene razones que la razón no comprende"

Es esa fuerza invisible y natural, sensible y animal la que nos mueve y seduce. El ser humano elige relacionarse por medio de olores, ya sea agradable o desagradable, seductor, indiferente, irritante.

Una vez en un programa hablaba de la costumbre de los perros de olerse la cola, "mi abuelo me decía que cuando dios repartió las colas a los perros, justo se encontraba un gato durmiendo en el montón de cola a repartir. Se produjo tal amontonamiento por parte de los perros, por perseguir al gato, que Dios se vio obligado a dar la cola desordenadamente al que venía primero, al tener cada uno colas diferentes, se olfatean las colas para encontrar a la suya"

Amén de esta anécdota, el perro por medio del olor descifra, el lugar geográfico, si hay antecedente de su especie o familia, si es un perro alfa etc. Bueno un montón de cosas más que descubría en el olfato.

Aunque parece primitivo, la ciencia en esta época que nos toca vivir, hizo el gran descubrimiento en el ser humano, hasta cuando alguien se siente aterrorizado o con miedo o fobia por algo, este elabora un olor característico que induce el pánico o al temor en el otro.

Así también las personas positivas, que siempre están contentas, producen un olor que inducen al otro a estar en paz y sentir bienestar. "tú me haces sentir tan bien"

Cuantas veces nos gustó oler el olor de la prenda de nuestros padres. Me acuerdo mi hermano le encantaba oler la blusa de mi Madre, le resultaba agradable. No digo que mi madre tenía una baranda de aquellos, pero al margen es un aroma imperceptible, que no pasa por la irritabilidad que me puede producir un olor agresivo a mi olfato.

Cuantas veces abrasado al ser amado, uno hace una aspiración cerrando los ojos, como disfrutando plenamente el momento. Pensar que ese disfrute está en una simple y profunda olfateada que realizo en la piel de mi ser amado. "que olorcito tienes mi amor"

Así es, hay olorcitos que te arrastran, bueno otros que matan, otros te inducen al asesinato, pero en la convivencia tenemos que aprender que hay olores para todos los gustos.

Contigo aprendí
contigo aprendí
a ver distintas formas de autos,
buscando tu carro,
y ver si tú vienes doblando
en alguna esquina,
y me levantes como de contrabando,
sigilosa y sorpresiva,
como algo valioso, ocultando,
para buscar un momento,
del amor un estado,
un encuentro.
contigo aprendí
que el amor no tiene edad,
que puedo encontrar la mocedad,
cuando mi tiempo,
lo tenía por terminado
aprendí que las palabras son sonidos
sin sentidos y muertas,
cuando no la tenemos
por escuchado.
cuando no entra en mí,
con tu sabor impregnando.
contigo aprendí
que cada vez que, en ti,
me busque,
te he usado.
busque porciones mezquinas
de felicidad,
en vez de buscar el gozo del alma
cuando en ti, una calma,
sonrisa he dibujado.

cuando te pido perdón
por el daño causado.
contigo aprendí a ser feliz

Un fin de semana

Por fin llegó el fin de semana. Es uno de los momentos en la que uno se deja estar placenteramente, sentir la ausencia de esa locura vertiginosa del mundo de los negocios, laboral y del consumo de la semana.

Es como un desenchufarse, estar desconectado, muerto al mundo del neg-ocio.

Dejarse estar en el jardín, la ausencia de ruidos, sentir esa brisa fresca acompañado del ser amado, más que momentos es una experiencia existencial que rosa con lo religioso o es un acto religioso profundamente existencia y humano.

Todo empieza para mí el viernes a la noche, uno llega a la casa y al sentarme a la mesa, uno suspira profundamente y da gracias a dios, con una perfecta contemplación de que mañana, me voy a despertar cuando mis ojos se hayan cicatrizado o cuando se me haya abierto la mollera de tanto dormir.

En ese acto, como si estuviese contemplando la caída del muro de Berlín, cae el muro de la opresión y alineación con la rutina, el stress y la locura diaria.

Al otro día sin sentido de tiempo y lugar, mis ojos luchan por abrir mis pesados parpados, mi cuerpo cansado de estar relajado y el mismo se dé cuenta que no es normal, remolonamente y pesadamente empieza articular las piernas y decide valientemente vencer la gravedad, pide estar de pie.

Una vez logrado estas acciones, voy viendo como mi pie izquierdo le pide permiso al derecho para caminar, preparo el mate y el agua a la temperatura justa para no quemar la yerba.

Preparo todo, las galletas, la mermelada, lo que a mi mujer le gusta leer, lo que a mí me gusta, una vez cuando todo esta listo, le llevo un mate cebado, para ayudarle a vencer la modorra y liberarla de la almohada.

Satisfecho por preparar el suculento manjar a una reina, la mañana que se manifiesta: entre una brisa fresca, el trinar de los pájaros, un sol atrevido que ya empieza a atemorizar con su presencia, empieza la lectura y los mates.

El tiempo, bueno, el tiempo creo que no lo tuvimos en cuenta, lo que importa es el momento para estar con uno mismo; no sé en qué soplo se escapó de nuestras vidas, las manecillas del reloj.

El tiempo murió y con gritos desgarrador, atormentados lo llevan para resucitarlo y honrarlo, aquellos súbditos que lo honran en la locura del devenir.

Cronos está ausente, Mi esposa y Yo estamos en otra cosa, Son los momentos más mágicos de la vida cuando uno da muerte al dios cronos.

Es ahí, por contraposición de experiencia, en donde tomo conciencia del fluir vertiginoso de la semana.

Es que se crea tantas necesidades, paralelas a la vida misma, con una constante influencia de los medios de comunicación invitándolo a salir de lo cotidiano, enajenando y matando al hombre como "Ser en el mundo", aquel que lucha, para lograr todo lo necesario para vivir.

Muerto este, resucita dentro de un mundo, que al que le fue creado y la fuerza que mueve, no es suya, sino necesidades hechas para consumir, dirigido por grandes intereses económicos, intereses creados por el sistema y el interés es que se consuma, detrás de cada consumo hay una promesa de paraíso, de gozo.

El hombre, al que se le había prometido ganar un paraíso en su primer mundo, ahora tiene miles de paraísos siempre y cuando y en tanto, pueda consumir.

Y si no se tiene la posibilidad para ganar esos paraísos, bueno, viene la angustia de no estar dentro de ese sistema que ofrece el gozo de ser una persona única y diferente. Porque nos sentimos diferentes al resto y a su vez unido a otros diferentes, gozamos de esa corriente de status quo para ser feliz.

Es tan importante para la vida el IPOD, el IPHON, los celulares con GPS, las comunidades en la Web, los juegos iterativos en la que, en esta comunidad, entramos a sociabilizar con distintas etnias de distintos lugares del planeta.

Los que no pueden estar en el sistema, están sacados, aislados, incomprendidos, iracundos, que se revelan por ser arrojado a esta nada, la frustración de no poder alcanzar los medios para ser diferente, donde sufre el vacío existencial, la frustración que lo lleva por distintas opciones, en alguno de los casos, la adicción.

El hombre es sacado, arrojado de su segundo paraíso, sin comprender, sin verse culpable. El mismo crea un cielo y crea un infierno, un paraíso y un destierro al mundo real. Eso es lo gracioso, que la existencia misma ya no es aceptada. Se la acepta si es que está inserto en el sistema da lo fatuo, de lo efímero, un mundo creado, que él hizo para sí, anexo, al lado, con una barrera sutil al que es difícil darse cuenta.

Desde los gustos de comida, nuevo estilo de dialogo, donde se establece lo impersonal, nuevas formas de lenguas abreviadas en las comunicaciones (Chat, celulares, grupos Web etc.).

Ciudades, granjas, espionajes, guerras, todo en un mundo paralelo, en la que el hombre se siente inserto y desde el trabajo y en su casa sigue dentro de esta realidad virtual, en la que tienen nuevos amigos, nuevos trabajos online, nuevos compañeros, nuevos negocios, amantes, novios, hasta se casan online con la cámara Web y la famosa video conferencia.

Si el hombre no aprendió a conocerse así mismo, no aprendió a conocer el mundo circundante, su lugar en él, su ser y su hábitat y la relación con este, está llamado a la soledad.

Sin tener los pies en la tierra, ahora viaja a un mundo virtual, en la que no hay límites, ahí las reglas y los limites no son los mismo, si bien cada uno ingresa a este universo con su estructura psicología que adquirió en el seno de una familia, otro en un grupo más ampliado, pero al estar en este universo en la que no existe a ciencia cierta un patrón de conducta definida, los limites son más Light, provocando una especie de liberación a la hora de expresarse.

La palabra

¿Qué es la palabra?

Uno podría entrelazar sonidos con consonante y vocales, pero, ¿con qué fin?

¿Qué es lo que queremos hacer con esos sonidos?

La palabra encierra un sentido, una acción, nos indica una cualidad sobre algo.

La palabra da sentido a la existencia y rompe la cárcel en la que estamos y nos hace levantar la mirada hacia el Tu, el depositario de nuestras palabras.

Hasta que la palabra no entra en la existencia humana como una luz que nos hace comprender una realidad, permanece al costado de nuestra vida, irrelevante como sonidos. Hasta el simple sonido de una carcajada tiene la razón de existir. El grito desesperado del dolor.

Dios creó todas las cosas, "nosotros somos por que dios nos piensa" y dio el poder de crear la palabra al hombre, su Imagen y Semejanza.

Él tiene ese poder de crear y dar sentido.

Antes de la palabra, existe el pensamiento y antes del pensamiento está el SER.

Nosotros somos, es la primera conciencia de UNO MISMO, y el pensamiento está llamado a ser compartido, cuando no es compartido estos pensamientos se transforma ante Dios, en una oración y ante uno mismo, en una actividad de autoconocimiento.

La palabra es el medio que lleva la impronta del pensamiento, y es necesaria la creación de un universo en la que el hombre se manifiesta.

Una palabra puede encerrar un mundo de felicidad: TE AMO, un mundo de penurias, una razón porque vivir, porque lleva en si la esperanza.

Una palabra nos puede hacer ver realidades que no vemos, pero creemos.

Una palabra mata, hiere, da fuerza, una palabra moviliza, o nos deja petrificados por el miedo, una palabra encierra poderes que el hombre tiene que tener la sana prudencia de saber que decir y no decir.

Pero esta, tiene el poder, porque el ser humano le dio sentido y responde a la estructura racional de cada sociedad.

Una palabra encierra un pacto simple y luminoso, un pacto social. Así es, en el principio estaba el Yo y el Tu, el yo propuso unos sonidos al Tu, "vamos a cazar" y el Tu comprendió y acepto; y el trabajo de la supervivencia empezó a ser comunitario.

La palabra es luz, cuando toda una sociedad comprende su sentido. Te amo. Toda una sociedad la acepta.

Pero si me lo escriben en mandarín y si yo no sé ese idioma, está vacío de sentido. Ahí se desprende que está afuera de mi pacto social.

En el mundo animal también ellos tienen sus palabras, ellos se entienden, aunque para nosotros no entendamos porque tan solo aceptamos lo que nosotros hemos pactado.

La palabra da sentido de lo que somos, de lo que hacemos, de lo que deseamos, en la palabra esta la acción y la descripción de nuestra existencia.

"en el principio ya existía el verbo, y el verbo estaba con dios y el verbo era dios" Juan 1:1

El inconsciente

Mirta era una empleada de la empresa Tucman. S.A., dedicada a la venta de servicios de redes inalámbricas en comunicaciones. Ya había pasado los años de juventud y al anochecer de esta, encontró el galán de su vida.

Todo estaba perfecto hasta que empezó la convivencia. Gustavo le gustaba una buena vida, tenía sus amigos del club, al que asiduamente asistía para jugar con ellos, su partida de pocker.

Después de la faena diaria llegaba a su casa, como si fuese un gran ateniense respetando la eco-nomo, (ley de la morada), sujetaba todo su accionar especialmente en aquellas cosas que hacían al respeto, la convivencia con Mirta y a sentirse bien en ella.

Le fascinaba después de cenar, tomarse un tiempo para el mismo y en ese silencio tomar un vaso de whisky, no sé qué rumiaría mentalmente, pero con una absorta y placentera mirada a lo lejos, bebía de a sorbos.

Eso sí, antes de ir a dormir tenía que sacar de su boca el gustito a la malta y el alcohol, aunque él hubiese preferido seguir degustándolo hasta dormir, pero Mirta, no toleraba ese bouquet que dejaba en la boca. Ella con tan solo sentirlo, le producía un estado de ansiedad al que llegaba a comprender la razón.

Este efecto reducía, cuando Gustavo neutralizaba con un aseo bucal (un estudiado sistema en el que se utilizaba cepillos de dientes y líquidos para las respectivas gárgaras), este aseo era más intenso y meticuloso, cuando la noche bajaba el telón de unos momentos de puro amor.

Pero a pesar de ello, desde que Mirta empezó a convivir con El empezó a padecer insomnio y si no fuera por su somnífero, no podía conciliar el sueño.

Pasaron varios años, la relación dejándose llevar por el ajetreo diario, se enfrío notablemente. Gustavo cansado del histérico reclamo diario del lavado bucal, este como quien rompía las reglas y en una total insubordinación, (ya que, del primordial respeto, paso a sentir lo impuesto), iba así nomás a dormir.

Mirta ya sentía un total rechazo, no soportando el aliento de este y aún más, el olor pestilente de esa bebida, tal era la locura que con tal solo ver su ropa limpia al momento de planchar, se le inundaba el ambiente del aroma de la bebida preferida de su marido.

La relación entro en total crisis, unos amigos le aconsejo que buscasen un mediador profesional para dirimir sus problemas e ideas encontradas que tenían ambos como consecuencia del desgaste. Este urgentemente le recomendó un terapeuta.

Después de varias sesiones de terapia, Mirta aportando más elemento al análisis del problema que les aquejaba, se animó a comentarle sus sueños, que ella padecía últimamente todas las noches. Comentaba, que se le acercaba a la cama Gustavo, seduciéndole empezaba a hacerle el amor, al ver que este tenía un vaso en la mano, el aroma la asfixiaba dejándola sin respiración, luego el rostro de Gustavo cambiaba en el sueño a la de un grotesco anciano al que este le violaba sin piedad, introduciéndole la botella de whisky y golpeándole despiadadamente, mientras la imagen de Gustavo se mudaba y aparecía tenuemente al lado del anciano, ella le pedía ayuda, pero él estaba tan solo observando y tomando, perdido en el efecto de la bebida.

El análisis duro mucho tiempo, pero a medida que pasaba el tiempo, los síntomas fueron dilucidado, cuando lentamente Mirta contara parte de su historia personal, al que después de un terrible grito y sollozo pudo expresarlo, como si fuese una gran pesadilla que se levantaba del pasado.

Así fue, Mirta era una jovencita que, a pesar de la pérdida de su padre, pudo seguir adelante y más aún, cuando su madre decidió rehacer su vida, contrajo nuevamente matrimonio, pero quizás la elección no era la más acertada, ya que había elegido una persona que bebía constantemente.

Ya había pasado un tiempo, como también el vals de los quince de Mirta. Ya era una jovencita que empezaba a soñar con su carrera universitaria, pero desde hace un tiempo veía que su padrastro, le miraba con otros ojos.

Con el tiempo la asediaba, su madre no tomaba en cuenta lo que ella le contaba, hasta que una noche, el en total estado de embriaguez la violo uno y otra vez, sometiéndola a horribles vejaciones y mal tratos.

Este drama, que había sido sentenciado al total silencio, en la profundidad del ser, lejos de la conciencia. Pero desde la oscuridad como un fantasma hablaba, se manifestaba.

Observemos las pequeñas molestias que sentía Mirta en los primeros momentos de convivencia, como se fue manifestando cada vez más fuerte.

El inconsciente siempre se manifiesta en el discurso del otro y se manifiesta en los chistes, el equívoco de palabra, el sueño, los síntomas etc., pero nunca se lo experimenta como propio.

Es el otro, el que le permite la asociación y el desencadenante.

Es el otro, al que el inconsciente viste con lo que nosotros no nos animamos a ver, no queremos ver, por que rechazamos lo que tenemos que aceptar.

Porque lo que nosotros rechazamos, encierra en él un profundo dolor.

En este dialogo que el inconsciente busca aparecer en nuestras vidas cotidiana, no tiene la misma estructura que la de un dialogo en la lingüística.

Ya que lo que se expresa (es el significante) tiene un significado para el que recibe el mensaje. Acá, el dialogo que impone el inconsciente, el significado es como codificado por medio de metáforas al que hay que dilucidar.

Ese inconsciente

Me levante temprano despertado por el trinar de los pájaros, si bien era mi primer día de vacaciones, lo que el despertador no logro lo hicieron ellos. Me vi en el espejo antes de entrar a la ducha, un día más ha pasado y todo mi organismo se renovó. Por más que quisiera que mi vida quedase estática, no lo podría, porque en cada minuto algo va cambiando. El cambio en el ser humano y en toda la naturaleza es nacimiento, crecimiento y muerte.

Por más que desde Aristóteles, hasta el momento culmine de la filosofía realista, siempre hubo un intento de detener la realidad cambiante, por medio de conceptos y construyendo todo un castillo racional, como firme estandarte de la verdad. Como si a la naturaleza se la congelara por medios de conceptos, como si fuese una foto, pero esta realidad en el mundo cotidiano era cambiante, pero en la construcción del hombre, eran tan solo conceptos. Así para toda la realidad de éste.

Esta construcción racional dentro de la teología de la Iglesia, se requebrajo al perder autoridad en cuestión de la posesión de la verdad.

Ahora para buscar la verdad y las respuestas del mundo se apela a la medición de lo que se me manifiesta y lo capto por lo sentidos.

La res (cosa) es sujeto de medición, dejando atrás la abstracción de los conceptos a partir de la realidad. La verdad ya no es una adecuación de la mente a la realidad, sino que es el resultado de la medición de la realidad, utilizándose como disciplina a la matemática.

Pero a pesar de que el hombre descifra a la naturaleza circundante, todavía no puede terminar de descifrar su propia naturaleza. El hombre que vive en un mundo cambiante, acompañado por el nacimiento, crecimiento y muerte, realidad al que le cuesta aceptar, como que el ser para la muerte no se acostumbra a morir.

Toda esta experiencia fenomenológica, corre en los carriles de la conciencia, es la única que se hace presente al mundo del yo, donde esta toma vida y se recrea en los hechos circunstanciales que vive cotidianamente el hombre.

Esta realidad que lleva al hombre al ejercicio de la adecuación constante y cuando esto no se realiza, es frustrante a tal punto que podemos vivir momentos al que no toleramos y al que la conciencia por seguridad del Yo, lo saca de escena, haciéndolo no consciente.

Lo que no es consciente, aparece en la vida del hombre como el fantasma de la ópera, su vida es una gran obra en la que el fantasma no descansa de arrebatar el momento culmine, este que está detrás de las bambalinas buscando el momento para aparecer.

Es que, entre los hechos de la vida cotidiana y su significado, en las respuestas, o en la ausencia de ellas, como un sistema de códigos en la que hay que decodificar, está el inconsciente.

El inconsciente es lo que no se ve a simple vista, y no se lo puede medir, ni observar, como pretendían las otras líneas psicológicas que nacen de la fenomenología.

Es decir, no aparece como un fenómeno al que se puede observar, medir y sacar leyes generales.

El psicoanálisis se mueve en el ámbito de lo particular, no saca leyes generales, porque el inconsciente es particular a cada persona, las vivencias son únicas no se repite. Se puede encontrar alguna analogía, algún parecido, pero la forma como lo vive el paciente no se repite en otro.

"Así tenemos que la hipótesis de la existencia de procesos psíquicos inconscientes, el reconocimiento de la teoría de la resistencia y de la represión, la valoración de la sexualidad y del complejo de Edipo, son los contenidos capitales del psicoanálisis y los fundamentos de su teoría, y quienes no los aceptan a todos, no deberán encontrarse entre los psicoanalistas." Sigmund Freíd, Obras (trad. L. L. Ballesteros y Torres), Madrid, Ed. Biblioteca Nueva, 1949, vol. II, pag. 26.

El espacio los sentidos y tú
Tan solo el espacio
Lo que la vista nos muestra
Pero el corazón nos dice
Que somos dos en uno.
Los sentidos y la distancia
Dialogan por separado,
Mas lo nuestro es un estado
Donde está en juego
Nuestra vejez y nuestra infancia.
Aprendimos a psicoanalizarnos
Con una sonrisa y un beso
Mostrando las tripas y el corazón en
Este proceso.
Pero nos asimilamos,
En ese gusto de a dos
Nos gustamos,
Me encanta tu olor,
Pero al decírtelo,
Ya es fragancia.
Es demasiado poético
Cuando el amor
Empieza a caminar,
Nosotros recorrimos
El mundo entero,
Buscándonos, sin saber contemplar
El rostro,
Nos encontramos.
En el momento donde moría,
Las especulaciones y las expectativas.
Las explicaciones están de más.
Es suficiente una mirada,

Una sonrisa,
Y tomados de las manos,
Vuelta a casa.

Del gesto, fonemas y las palabras.

El gesto es la comunicación universal, por medio de la cual se expresa: sensaciones, emociones, interés, desinterés, acción etc., esto nace con la existencia misma del hombre.

No se sabe a ciencia cierta, si hubo una sola especie de Homínido, que se dispersó en distintas regiones del planeta, o que esta especie apareció y evoluciono en distintos lugares, pero con similares características.

No sé en realidad, como fue al principio. Pero si, que los gestos es una expresión, que nace de la naturaleza social del hombre, siendo una necesidad la comunicación y dentro de esta, la misma, es y fue, un poderoso instrumento para manifestar: situaciones, emisiones, experiencia, anhelos etc.

Este convivir con el medio, en sus más variadas expresiones, da como respuesta existencial, la necesidad de expresar todo su existir y la primera experiencia que él tiene, es su propia existencia incierta en su mundo orgánico.

Así vemos, al que vive a orilla del mar, de aquel que vive en medio del bosque, o el que vive en las montañas a 3000 metros sobre el nivel del mar, las manifestaciones propias de su existencia, va a ser acorde a lo que vive.

Podemos también apreciar, que las actividades de los hombres son similares, acordes a las regiones de similares características, en distintos lugares del planeta.

Con el tiempo, entre la actividad de recolección y de la caza, fueron apareciendo junto con el gesto, los sonidos que denotaban acciones a la actividad que el hombre realizaba, pero estos sonidos fónicos o previo a la elaboración de fonemas, era una respuesta a sus propias vivencias, lo que al nacer la palabra, eran distintas, porque distintos eran el estilo de vida, ya que muchas nacían acorde al contexto natural en la que él estaba inserto.

Así hay muchísimas palabras que cuyas raíces, son onomatopeya, por ejemplo: la palabra crisis, zigzag, zigzagueante, otras son descriptiva de la naturaleza, rico en significado, es decir, con una palabra encerraba varios conceptos a la vez.

Así, por ejemplo, en nuestro país, al Sur de Argentina tenemos a los Nativos del lugar, la Tribu Mapuches, y en norte los Tobas, cada uno produjeron distintos fonemas para significar una misma cosa y así en las distintas regiones del planeta cada etnia produjo los distintos vocablos para significar y dar significado a la vida cotidiana.

Más que lenguaje, lo apropiado es hablar de la comunicación, como respuesta y manifestación de una profunda relación que tiene con el medio circundante.

En ese contexto, nace el origen de lo gestual y de una incipiente vocalización por medio de distintas clases de expresiones sonoras o fonos, en distintos tonos, por medio de la cual manifestaba distintos mensajes.

Estos fonos, en la medida que el hombre crecía en experiencia con el medio, crecían sus expresiones fónicas, que sirvió para la aparición de los fonemas, y por medio de estos la palabra como fruto de un proceso de abstracción y asociación de imagen, idea y palabra.

Recordemos que las primeras experiencias del ser humano es sentirse uno con la naturaleza, y el va tomando distancia y aprende a mirarla objetivamente cuando aparece la técnica. Pero la técnica es hija de una necesidad básica del hombre, ¿Cómo puedo? ¿Con que? (definición de técnica: La técnica es un conjunto de saber práctico o procedimientos para obtener el resultado deseado).

Así aparece la idea y la necesidad del instrumento como elemento diferenciador del hombre con el medio, Ya que tenía en su mente, que es lo que quería conseguir a partir de la naturaleza,

Por ejemplo: con una piedra, moldea el pedernal dándole forma puntiaguda y con extremos filosos, que le servirá como instrumento para cortar, o será utilizado en la punta de una flecha, es ahí que sale la herramienta y la técnica es el modo como se hace una cosa de una manera eficaz y eficiente.

Es como que, con el tiempo va tomando determinada posición ante ella y a partir de ahí es donde aparece la palabra, como un instrumento más, en la que se intenta manifestar lo que uno vive y siente.

Pero una vez constituido la palabra, lo gestual quedo como el soporte en la que se manifiesta, y es ahí donde aparecieron las distintas lenguas.

Eres
Como pasan las horas,
Pasa la brisa,
Pasa lo gracioso,
El humor, y la sonrisa.
Más tú estás ahí,
Estas en todo,
Más no eres mi vida
Eres el respeto
De mi libertad,
Más yo soy tu muerte,
Y tú mi felicidad,
Mi vida
Ese silencioso trueque
Que sueles donar.
Eres la algarabía

Una tarde fresca
Un viaje en tranvías,
El aire que juega
Con las golondrinas
Eres el cambio del tiempo,
Eres nubarrones lejanos
Y mueves mi alma
Mi propia vida,
Promesa de agua fresca
En mi tierra,
En mis campos.
Eres mis cambios,
La quietud de mis estados
Eres presencia
Y compañía
El trinar de los pájaros,
La risa desenfrenada
De la algarabía.

De lo gestual a las primeras palabras

Muchas veces me quedo observando, entre las distintas imágenes que pasean interiormente, tratando de ver más allá de lo contingente de la vida cotidiana, como haciendo una herida en el tiempo y mirar cómo empezó los primeros pasos de la humanidad.

Creo que, de varias especies de simios, que luchaban tan solo por su propia supervivencia, una, por determinadas razones empezó a asociarse y organizarse con el fin de proveerse de alimento. Esta faena, era un peregrinar continuo, a distintas y alejadas regiones en la que conocía y observaba una gran variedad seres vivientes.

Con el tiempo su mente pudo ir clasificando las distintas especies de animales, los que eran herbívoros, los que eran carnívoros y de estos últimos cuales eran un peligro inminente a su especie.

Muchos afirman, que el hombre en un principio fue herbívoro, por una mera observación en la masa muscular de sus mandíbulas y las fauces de este, ya que no presenta la característica del animal carnívoro, dotados de grandes colmillos y dientes puntiagudos.

Pero si, al principio podríamos decir que era vegetariano, recolectores de las frutas silvestres y lo que marco la evolución en la especie es la ingesta de carne, convirtiéndose en omnívoro. Pero ¿Cuándo empezó la ingesta? Creo que fue en situaciones límites en la que la especie, al no tener alimento se volcó a saciar el hambre, en primera instancia, siendo carroñero, hasta que creó, las primeras armas para la caza. Desde el primer momento que vio que el filo puntiagudo de una piedra y/o corteza de madera dura lastimaba la piel y le servía como instrumento, ahí, empezó a marcar el cambio.

La carne dentro de su dieta alimenticia, era necesario, para que el mismo empezara a diferenciarse del resto, ya que las proteínas tienen mayor energía, mayor poder calórico, ayudándole a tolerar los intensos fríos. No así las proteínas de origen vegetal.

Esta nueva alimentación, optimizo los funcionamientos de los hemisferios cerebrales, logrando así una mayor concentración y rapidez mental para solucionar los problemas cotidianos.

Quizás esto fue un largo camino de evolución, ya que, al principio, los primeros seres humanos de forma simiesca, salían solo a comer, pero después, se vio en obligación de asociarse con otros, para poder defenderse de otros animales, como así también de proveerse de alimentos ya sea por medio de la recolección o la caza.

En esta asociación es donde nace la necesidad de comunicar, ya sea para reclamar, para indicar algún peligro, indicar el camino donde hay animales para cazar. Esta primera e incipiente comunicación era gestual, el gesto hablaba por sí solo.

En un ambiente en la que era hostil, primaba la observación de todo lo que ocurría, estaban continuamente en una actitud de descubrir y observar. Nada de lo que ocurría alrededor de ellos y a un compañero de la tribu o clan pasaba por alto.

La comunicación entre ellos, era una continua construcción y asociación continua de gestos y sonidos para cada hecho ocurrido, era la base de un dialogo y los primeros pasos en el crecimiento humano.

Me imagino, como habrá sido los gestos y los sonidos con lo que se comunicaba, en la que unos rostros asustados y algunos gritos parecido al aullido, indicaba cuan cerca estaba el peligro o que fiera lo estaba acechando.

Los rostros y sus expresiones; los distintos sonidos vocales eran diferentes unos con otros, como así también cada uno de sus actividades estaba representado por un gesto particular acompañado de un aullido. Pero lo gestual era el dialogo cotidiano y ligado a sus principales actividades la caza o la provisión de alimentos, la vida, la muerte, el peligro, etc.

Lo único que faltaba, (ya que la faena de la comunicación, circunscripta más, a la actividad de la satisfacción de sus propias necesidades), era el ocio, ya que estar juntos frente al fogón, le permitió compartir, contar costumbres y enseñanzas, de generación en generación.

Esto vino con el encuentro con el fuego, que por sobre todas las cosas creo que fue ocasional y fruto de experimentar el poder de este. En un primer momento, con el fuego pudo protegerse del frío, ahuyentar a los animales que atacaba a la especie. Pero lo novedoso es aprender a utilizar el mismo, su primera experiencia está ligado a la alimentación, logrando cocinar la carne, (primera experiencia del asadito), se dio cuenta que el alimento duraba más, permitiéndole conservar el alimento, no necesitaba salir tan seguido de caza, logrando que los mismos se quedasen alrededor del fuego.

De esta primera experiencia de ocio, el compartir gestos y sonidos y experimentando, que muchos sonidos emitidos de varios integrantes del clan, eran iguales, respondía a una expresión en el rostro e indicaba una realidad.

Con la codificación de sonidos y gestos, nacía la palabra oral, fue un crecimiento pequeño y gradual.

En este lenguaje gestual, todas las especies de homínidos o los diferentes clanes expresaban un lenguaje común, bajo una naturaleza que los unía y ellos se sentían uno a ella. Como una gran matriz que le proveía de alimento. Acá, en Argentina en el norte, se da una antigua creencia, la Pacha Mama. (tierra Madre).

Como decía, lo imperioso en la comunicación primitiva era los gestos y los sonidos. Pero también es llamativo el pensar en los vínculos que estos formaban, ¿Cuál era la sensación que ellos sentían cuando alguien del grupo moría devorado? ¿Cuál era la expresión y los sonidos que emitía ante esta desgracia?

Si bien, había dos momentos cruciales y que marcaba la naturaleza del hombre: la muerte y el nacimiento, la vida. También va las preguntas antes realizada ante la parición de un bebe. Ya que es el otro extremo de la experiencia humana. ¿Cuál es el rostro que ponían y que sonidos primitivos emitían antes estos acontecimientos?

Lo gestual era la pan-comunicación, toda especie homínido, tenía el mismo idioma y a partir de la construcción de la palabra, nació la primera experiencia de expresión verbal quedando con el correr del tiempo, lo gestual atada a la palabra, donde la transmisión oral jugó un rol preponderante hasta que aparición de la palabra escrita.

Del lenguaje a la palabra. El hombre marco la diferencia y cuando distintos clanes pudo codificar de acuerdo a sus costumbres, los distintos gestos, sonidos a fonemas. Con esta pan-comunicación el hombre había construido la torre de babel, todos hablaban el mismo idioma, hasta que apareció la palabra y el hombre se dio cuenta que hablaba en distintos idiomas.

Es como que, con el tiempo va tomando determinada posición ante ella y a partir de ahí es donde aparece la palabra, como un instrumento más, en la que se intenta manifestar lo que uno vive y siente. El idioma que más rico es en onomatopeya es el japonés, el mandarín, etc.

Pero una vez constituido la palabra, lo gestual quedo en segundo término y es ahí donde aparecieron las distintas lenguas.

Los gestos, las palabras y la comunicación

Desde que el hombre empezó a dar importancia a la palabra escrita, todo lo que es comunicación y expresión giro en torno a las oraciones, verbos, adjetivos, construcciones gramaticales, este crecimiento en la lectura, tiene en cada lengua su época de oro, así para la lengua castellana lo tenemos con las obras de Don Cervantes.

La escritura tiene en la antigüedad una importancia que rosa con lo sagrado, así es a tal punto que estaba reducida a una pequeña casta de los elegidos, prestando servicio en el templo junto a los sacerdotes, eran los escritores con-sagrados, eran lo intermediario de las inspiraciones divina y la palabra escrita o lo que El inspiraba, a algún sacerdote del culto divino.

Este oficio celestial, escribir la palabra, "desde el principio existió el verbo, desde el principio existió la palabra", los escribas en la antigua Israel era una casta muy noble.

En la edad media, tanto en la temprana como en el alta, los que tenían la posibilidad de estudiar y tener el poder de la palabra, estaba reducido a la actividad monacal, tal esplendor llega a su máximo trabajo intelectual con San Benito, ya que su orden era la dueña de la biblioteca más grande de esa época.

Ahí los monjes, sabían griego, latín, arameo etc. Tradujeron toda la filosofía griega que venía de los filósofos y matemáticos turcos, como Averroes y Avicena entre otros.

Ellos estaban para escribir la palabra. Con el tiempo las tareas de escriba pasaron a ser miembro de la corte del rey o del imperio.

Era importante la comunicación y el entendimiento epistolar, toda la actividad económica estaba atado a la comunicación y esta hacia al progreso del reino.

Pero recién a fines del siglo 20, se empezó a tomar más importancia al lenguaje gestual, y profundizando como uno se expresa nos damos cuenta, que una persona no nos resulta convincente cuando las expresiones gestuales del cuerpo no son acordes a la palabra oral.

Una persona, que se nos muestra expresando conceptos seguros, firmes y si estos van acompañados con una mirada a los ojos de su interlocutor, no tiene el mismo efecto, si este lo hace acompañando su discurso con miradas evasivas. Nos resulta desagradable, sentimos un tufillo a falsedad.

Lo importante no es que es lo que dice, sino como lo dice, como lo expresa. Así sentimos que una persona es integra, veraz, honesta, cuando al dialogar los gesto manifiesta o acompañan al unísono a la palabra.

Desde la década del 70 hasta el día de la fecha, se empezó a dar mucha importancia en el estudio de los delincuentes, su comportamiento corporal. En las distintas interrogaciones empezaron a descubrir el comportamiento del cuerpo, cuando se le estaban interrogando.

Ya que por más que el delincuente expresaba verbalmente una afirmación que lo podía deslindar de la responsabilidad de un acto delictivo, sus gestos denotaban que estaban mintiendo, porque sus expresiones gestuales de su cuerpo mostraban un alto grado de inseguridad en sus expresiones.

Se dieron cuenta que el lenguaje gestual o corporal puede ser tan comunicativo como el verbal. El lenguaje corporal puede comunicar hasta un 70% y el porcentaje restante cubre la palabra.

Este porcentaje que es un promedio base, puede crecer según la cultura.

Es que este lenguaje que corre paralelamente a la emisión de la palabra, con mi cuerpo puedo estar contradiciéndome, emitiendo un mensaje distinto.

Así en el psicoanálisis se descubrió que estos comportamientos corporales son la manifestación de un conflicto interno que me está reclamando sinceridad y coherencia en el comportamiento humano.

El lenguaje corporal puede tener algunas variantes culturales que son aprendidas o socializadas desde pequeños. He aquí una lista de gesticulaciones que espero le ayuden. Es tomado de los cursos de psicología encontrados en emagister.com.

El lenguaje corporal, que no es más que todo lo que tú trasmites por medio de movimientos o gestos, delata completamente tus sentimientos o percepción acerca de la persona con la que está interactuando.

Cuando conversas con una o varias personas, reflejas y envías miles de señales y mensajes a través de tu comportamiento. Así que presta atención y sácale provecho a los siguientes datos, porque tanto en tu vida laboral como en la personal, te serán de gran provecho.

Acto Lo Que Refleja

Dar un tirón al oído Inseguridad.

Palma de la mano abierta Sinceridad, franqueza e inocencia.

Caminar erguido Confianza y seguridad en sí mismo.

Pararse con las manos en las caderas Buena disposición para hacer algo.

Jugar con el cabello Falta de confianza en sí mismo e inseguridad.

Comerse las uñas Inseguridad o nervios.

La cabeza descansando sobre las manos o mirar hacia el piso Aburrimiento

Unir los tobillos Aprensión.

Manos agarradas hacia la espalda Furia, ira, frustración y aprensión.

Cruzar las piernas, balanceando ligeramente el pie Aburrimiento

Brazos cruzados a la altura del pecho Actitud a la defensiva

Caminar con las manos en los bolsillos o con los hombros encorvados Abatimiento.

Manos en las mejillas Evaluación

Frotarse un ojo Dudas.

Tocarse ligeramente la nariz Mentir, dudar o rechazar algo.

Trucos

Usa tus ojos para hablar. Los ojos son las ventanas del alma. La persona que mira limpiamente a los ojos de otros es una persona segura, amistosa, madura y sincera. Sus ojos y su mirada pueden decir tanto porque expresan prácticamente todas las emociones: alegría, tristeza, inquietud, tensión, preocupación, estimación o respeto. Por sus ojos muchas veces se puede saber lo que está pensando. Por eso, constituyen una ayuda poderosa en la conversación.

El uso adecuado de las manos Tus manos se pueden aprovechar muy bien para complementar tus palabras y dar mayor fuerza a tu conversación. No las utilices inútilmente y mucho menos para hacer cualquier cosa que distraiga a la otra persona. Tampoco las uses violentamente, palmoteando o pasándoselas casi en el rostro a la otra persona.

Cuidado con lo que tocas Hay muchas personas que siempre están dando palmadas en la espalda o tocando a los otros en los brazos, como para llamar su atención. Es bueno demostrar cariño, pero también hay que guardar el debido respeto a los demás. Muéstralo no tocando a la otra persona innecesariamente. Hay quien se siente muy molesto si le tocan, ten cuidado. Pero tampoco hables o escuches con las manos metidas dentro de los bolsillos porque eso denota indiferencia y mala educación.

Gestos que denotan impaciencia o aburrimiento La actitud física demuestra lo que el alma está sintiendo. Si alguien finge interés en una conversación, la otra persona se dará cuenta muy fácilmente por sus gestos y ademanes. Moverse nerviosamente o levantarse, cruzar y descruzar las piernas, moverse en el asiento o mirar constantemente el reloj demuestra aburrimiento y es una gran falta de respeto. Si tienes que mirar la hora, hazlo en el reloj de otro.

Aprender a sentarse Aprende a sentarte tranquilo y comportarte cuando se escucha. Reparte equitativamente el peso de tu cuerpo para no cansarte mientas estás sentado conversando. Si te sientas en el borde de la silla, es indicativo que deseas irte tan pronto como sea posible.

Si cambias constantemente de posición, estás expresando a gritos que estás aburrido. Si mueves incesantemente los pies durante la conversación, tu interlocutor pensará que estás molesto, inseguro, irritado, nervioso, cansado o aburrido. Sitúate en una posición cómoda y descansada que te permita respirar mejor y manejar mejor tu voz.

Control de la mirada Cuando estés hablando con alguien, no estés mirando a todos lados: a la ventana, al techo, al suelo o limpiando sus uñas. Tampoco mires morbosa y curiosamente los zapatos, pantalones, camisa o peinado del que habla. Mantén el contacto ocular, pero sin fijar en exceso la mirada: eso lo hacen los locos. De todas formas, si quieres fijar la mirada durante mucho tiempo en alguien sin cansarte psicológicamente, mira su entrecejo. Para el otro/a no hay diferencia.

Control de las expresiones del rostro ¡Sonríe! Intercalar sonrisas cálidas y francas en la conversación transmite confianza, alegría y buena disposición.

Sin embargo, no exageres. Sonreír demasiado frecuentemente puede convertir el gesto en una especie de mueca y dar la impresión de que es algo hueco, vacío y fingido. Apretar exageradamente los labios puede delatar que tienes dudas o desconfianza acerca de lo que el otro está diciendo o sugerir que no estás expresando realmente lo que piensas o sientes.

Conclusiones: es importante a aprender a observar nuestro cuerpo, porque él me puede estar diciendo cual es la dirección donde tengo que encarar mi vida. Los gestos pueden ser un indicio de lo que me frustra, de lo que me puede llevar a una situación traumática sin resolver por falta de observación.

Una sensación de dureza en el abdomen, una expresión en mis manos o en mi forma como afronto a mi interlocutor en un dialogo.

Y desde aquí vuelve a resonar las palabras de Sócrates: ¿dime cual es el principio de la sabiduría, como la encuentro? Le pregunto a la pitonisa de Delfos. Esta le contesto tan solo "conócete a ti mismo"

Comunicación, la palabra y el inconsciente

Desde el inicio de la humanidad, el hombre se manifestó como un ser social, que lo llevo a relacionarse con sus contemporáneos y con el medio circundante. La necesidad de codificar o dar una descripción nominal a los seres vivos, los fenómenos naturales, la materia misma, etc., para luego compartir estas experiencias de lo cotidiano, utilizando desde esta codificación al que llamamos lenguaje, que era habitual en los seres humanos. De este elemento común a todos, nace la palabra comunicación.

La comunicación que fue creciendo y haciéndose más sofisticada con el avance tecnológico, nunca pudo dejar de lado una gran realidad, que para poder comunicar algo, es necesario una experiencia humana y el deseo de compartir, luego está la producción del mensaje que quiero comunicar.

Una vez elaborado la codificación correcta para transmitir dicha experiencia, es necesario que exista "él quien" o quién va a recibir la comunicación. Así tenemos un YO que elabora el mensaje y un TÚ que lo recibe.

Al momento de comunicar tengo que estar seguro si el mensaje será recibido, luego si será inteligible o comprendido y si tendrá la recepción adecuada. Ya que sin estos requisitos no habrá mensaje y no habrá comunicación.

La necesidad de compartir con otro la realidad misma, los llevo a construir unos conjuntos de palabras, en la que en esta experiencia hay un emisor (el que construye el mensaje) y un receptor (el que recibe y descodifica el mensaje).

Es necesario que exista un emisor y un receptor. Cuando un emisor lanza una cadena de significante (palabra) el receptor la decodifica y descubre en ella, el sentido de la realidad que el emisor quiere compartir.

El, en las palabras mismas que usa, no tan solo me describe una cosa, un fenómeno, una experiencia de algo, sino que también en ella encierra el sentido de valoración como ser: lo bueno, lo malo, la verdad, lo bello y lo feo.

También por parte de la persona que quiere comunicar algo, en la emisión del mensaje, en la que no tan solo encierra valoraciones humanas, sino que también al emitirlo lo realiza con una determinada intencionalidad.

Cuando Ignacio de ocho años insultaba a su hermanita, esta que era de menor edad, corría a su madre y decía: "Mama nacho me dice cosas feas".

Dentro del significante no tan solo está el significado, sino que dentro de esta, hay una intención de molestar y herir.

Pero en la construcción de una comunicación, está siempre en juegos dos realidades con distintas historias, el YO y el TU.

En esta experiencia de interpretar lo que se expresa tanto para el emisor como el receptor (Yo-Tu), uno transmite también vivencias oscuras, de realidades de mi vida no resueltas, que salen como el anverso de la palabra que el Yo no admite como algo suyo, sino como desconocido.

En un programa de televisión en la que los reporteros con pregunta suspicaz, realizaba un reportaje a un político que nació de los movimientos piqueteros de nuestro país (Argentina), en su temor de no ver su figura en detrimento ante la opinión pública, ya que estaba jaqueado por los periodistas y el público. Toda contestación era cautelosa, hasta que un miembro del público le hizo una pregunta totalmente distinta del resto. "dígame señor D'Iorio, ¿no debería usar más la primera persona del plural? Contesto con toda seguridad y al instante Yo. El periodista lo miro y de una manera más inquisitoria, "le vuelvo a preguntar, ¿Cuál es la primera persona del plural que sugiero que deberíamos usar?

El volvió a contestar con rapidez y con más acentuación en su respuesta, Yo.

Tomando la palabra el periodista, dijo, señor la respuesta es Nosotros. Ah sí, pero yo dije eso. No señor usted dijo las dos veces Yo.

Él no se daba cuenta, que lo que estaba contestando no era lo correcto.

Así en la comunicación, el comunicante emite una cadena de palabras o códigos al comunicado. Esta cadena de significantes tiene un particular significado ante la persona que lo recibe.

En este juego del significado y significante, esta a la presencia de lo que no aparece en el plano consciente.

Muchas veces cometemos errores al dar una contestación, al realizar unas bromas acentuamos en aquellas cosas que no aceptamos en las personas.

En la comunicación, en la que usamos el lenguaje y en este hay cadenas de significantes y significado, el estudio de este fenómeno es de tipo lógico, en cambio la manera que arribamos a estas experiencias de equívocos, en la psicología psicoanalítica para Freud, lo concebía como un modelo único, que es la del inconsciente, ya que este se muestra por medios de metáfora en un modelo económico, en la comunicación.

Por eso que hay una diferencia en la estructura del inconsciente como lenguaje y la estructura de la lengua, pero también hay una semejanza: el significante para Lacan no conduce al significado sino por su lateralidad y por su aspecto diferencial e incorporal.

Mientras uno se expresa por medio de la palabra, como escondida o codificada se manifiesta el inconsciente.

En estas, que aflora en el campo consciente en la comunicación, aparece manifiesto como disfrazado, como defendiendo al Yo, el trauma.

Por eso del análisis deambula para Lacan entre el código, o lo que llama el "lugar del Otro" y el mensaje; entre la cadena del significante –donde se apresa y se estructura el sujeto que habla en él y que permanece oscuro para sí mismo- y el círculo del discurso, constituido de unidades de significado y donde el sujeto se hace enunciar el sentido y la verdad de las palabras que el mismo pronuncia por la relación que lo une al analista, "yo pienso donde yo no soy, yo soy donde yo no pienso", para Freud describe un sujeto que funciona más allá de la pareja del yo y del otro.

El inconsciente es el otro que está hablando entre mis palabras "pero no soy yo, es el otro", es un sujeto, el inconsciente que habla en mí, sin hacerlo en primera persona.

Por eso Lacan hará hincapié de que el inconsciente es el discurso del Otro, y, si a él nos es permitido llegar por la hipótesis de una vía estructural, estas manifestaciones del Otro salen a luz por medio del chiste, el equívoco de palabras, el síntoma, el sueño y es por medio de esta donde el inconsciente se muestra a sí mismo.

Sensaciones y el momento
Cuantas veces estuve expectante
Cazando sensaciones,
Tamizando sueños,
A cada instante,
Los vi morir en mis manos
Con sus emociones
Cuantas veces invertí
Con las esperanzas que
Llegará algún día,
La vida me diera para la
Felicidad su turno,
Tan solo el momento.
De vivir el ahora
Sin arrepentimiento
Tan cierto como la tierra,
O como el firmamento,
Momentos para pensar,
Para cautivar,
Todas sus expresiones.
Para guardar en mi corazón
Y llevarlas aquí adentro.
Donde vivo tu presencia
Sin tener en cuenta el tiempo.

Apegos-estructuras y conflictos

Cuando era pequeño, tuve que vivir en la casa de mi abuela materna, se llamaba Dorotea. ya que a mi padre se le practicó una cirugía en el estómago a raíz de una ulcera que padecía, y como las operaciones de esa índole, en los años 1960 eran muy delicada, significaba varios meses de convalecencia.

Mi madre, tenía que ir al hospital para cuidarlo todo el día y nosotros no podíamos quedar desprotegido en casa. Así que mi hermano Carlos y Yo fuimos a parar al cuidado de mi abuela.

Los días pasaban y nosotros nos estábamos ya acostumbrándonos al nuevo estilo de vida, pero lo que me atormentaba, al pasar el tiempo, sentía que mi cabeza no daba más de picazón y ardor, en el cuero cabelludo, acercándome a mi Tío, me examino y me dijo "chango tenis cría", Yo por supuesto no sabía de lo que se trataba.

Con suma paciencia, me hizo sentar en una silla, con la cabeza mirando al cielo, embebiéndola de kerosén y luego me ató un pañuelo a la cabeza. Con voz firme me dijo "bueno anda jugar un rato y luego seguimos". Con el pasar de los minutos se me pasó todo el escozor.

Al atardecer, terminada la jornada de labranzas, con una tijera me corto al ras el pelo, vi luego como los bichitos caían al piso. Luego con una vieja máquina de afeitar me rasuro todo el cuero cabelludo, pero dejándome un flequillo que hacia el hazme reír de mis otros primos.

Reconozco que nunca sentí tanta vergüenza, pero lo que sí recuerdo las palabras de mi abuela, "eso te pasa por que tu mama no te corto el pelo antes de venir, para que no te llenes de piojo tienes que tener el cabello cortito y lavarte la cabeza", ya en grande siento la sensación de que las personas limpias tienen cabellos cortos.

Así, como esta experiencia humana me marcó desde pequeño, otras tantas ya sea de orden familiar, religiosa, cultural, nos va condicionando a que continuamente tengamos que dar respuesta al medio en que vivimos.

Tenía un amigo, que se enamoró de una señorita que era de la religión Evangélica, pero esta relación iba contra la creencia religiosa de su familia que era católica apostólica romana. Había tanta lucha en su corazón, sentía un gran amor por esta mujer y la lucha que le ocasionaba la ley impuesta por la religión, sentía fuertes cargos de conciencia. Para él era casi pecado o una relación pecaminosa, el simple hecho de amar. Después era la presión de los padres, "hay muchas mujeres en la parroquia y te venís a enamorar con esta evangelista"

Creo que el amor es ciego, sordo y distraído. Cuando te atraviesa el corazón, no hay explicaciones razonables. El corazón se doblega y hace una reverencia al ser amado.

Es increíble ver como las estructuras impuestas en la familia, la religión, patrones culturales y sociales *«para qué hablar de las tribus urbanas»,* condiciona la conducta humana y obstruyen el camino hacia la paz del corazón.

Cuán importante para vivir en armonía tener una mente abierta, sin estructuras que la condicione. Ya que estos condicionamientos son los motores de nuevos conflictos: «esto es ridículo», «nos estas traicionando somos tu familia», «SOS un pecador inmoral, que me venís a decir que sos gay», «sos la oveja negra de la familia, te voy a meter a un reformatorio» etc., así cuantas palabras más que mata a la persona.

Para una solución o un camino a seguir sugiero:

Primero tener una mente abierta a las infinitas posibilidades que nos da la vida para ser felices.

Segundo desmitificar los condicionantes o apegos heredados, ya que estos funcionan como estructuras de poder, que presionan a través de la familia, la religión, amigos, pautas culturales y sociales, Estos hacen que la vida sea traumática, creando conflictos, siendo fuente de todos los problemas. Estos apegos se manifiestan en el ser humano como necesidad. Por necesidad de no discutir y no entrar en beligerancia con la familia. Por ejemplo, una amiga mía estudio abogacía, siendo que ella soñaba con seguir medicina.

Tercero los apegos es también la forma en la que nosotros nos vemos. Mi primo Pedro nació con el color de la piel Trigueña, pero mis tíos le decían, cuando era chiquitito *«Negrito de acá, Negrito de allá»*, ya grande *«che esperen al Negro»* en su obsesión él creía que lo más bello seria ser rubio, bueno se tiño el cabello color rubio, pero no se aceptaba a sí mismo, se sentía desvalorizado como persona.

Debemos buscar la verdadera imagen de nosotros mismos, saber quiénes somos, como decía la filosofía china, cada uno tiene una melodía interior que habla de la belleza y de los dones que tenemos como persona y a través de ellos resplandecemos por lo que somos.

La vida, lo cotidiano y el momento

La realidad cotidiana es tan difícil en la antigüedad como ahora. Uno vive sin cuestionarla, ni pensar en la misma, ya que ciegamente la vivimos a través de nuestros propios esquemas mentales cuya estructura viene de la educación familiar y de la cultura en que estamos insertos. La misma siempre se nos muestra como una realidad cambiante.

Había un pensador que describía la vida del hombre como un individuo, que está atado en una columna dentro de una caverna, a espalda de él, se encontraba la salida de la caverna por donde entraba la luz.

Esta entraba y proyectaba las sombras de las cosas que pasaban afuera y su trabajo diario era interpretarlas cotidianamente, ya que este no sabía discernir a ciencia cierta, cuál era la realidad.

Lo verdadero no estaba en el continuo devenir de sombras, si no, que la realidad estaba a su espalda.

Lo que sabiamente describe este antiguo pensador es que para que el ser humano pueda ver el mundo exterior tendría que liberarse de las ataduras y una vez así dejarse llevar por la luz para poder llegar al mundo o realidad verdadera.

Si bien esta alegoría data del siglo IV antes de Cristo, parece tener una fuerza y una actualidad extraordinaria. Ya que al ver como estamos viviendo muchas veces nos sentimos inserto y atado en un sistema en la que este devenir de cosas que nos muestran los sentidos, potencializado por los medios de comunicación, nos hace vivir realidades y sensaciones que no son necesaria para la vida.

El mundo de las sombras es esa realidad cambiante a la que el ser humano está inserto y que muchas veces nos cuesta aceptar que cambia.

El ser humano se renueva en 24 hs, muchas células mueren y muchas nacen en 24 hs., no aceptamos que al otro día ya no somos los mismos y con el tiempo los nuestros pensamientos, parte de ellos se mudaron o tomaron otra interpretación de esta realidad escurridiza.

Aceptar la realidad es el gran desafió de nuestra época. El tiempo pasa y lo que ayer contemplamos desapareció. Cuando no aceptamos esta realidad, somos verdaderos mochileros de los paisajes del pasado que dieron sentido a nuestra existencia. A veces no se tiene la valentía de buscar los nuevos paisajes que la vida brinda y que le darían sentido a nuestro propio mundo, cuesta mucho dejar la mochila existencial. Tendría que ser en realidad un mero recuerdo y reflejo de la experiencia humana. En la mochila hay un cúmulo de experiencias y la manera de afrontarla nos da el conocimiento de reinventarnos y reinventar los paisajes que vemos y lograr así la armonía de estar insertados en el mundo. La mayor tortura seria, no adaptarnos y quedarnos descontextualizados o marginados en la sociedad.

Dejar la mochila y afrontar nuevas experiencias es un trabajo cotidiano. Implica un nacimiento a realidades que antes no existían. Todo cambio en el ser humano está dado por dos condicionantes: realidad cultural que marca la pauta de maduración del ser humano que a la que debe responder para estar inserto en la sociedad y los cambios hormonales en el crecimiento de la persona. El niño que hasta los 10 años era niño y comienza a ser joven, primero responde a un cambio hormonal en su cuerpo aparecen nuevas pulsiones, nuevos intereses, el horizonte se le amplia. Y para poder lograr insertarse dentro el grupo de jóvenes en una sociedad va a tener que responder a una estructura social en la cual los jóvenes interactúan, como los gustos en la vestimenta, la música, y para estar en contacto con los demás va a tener que comulgar los condicionantes que ellos viven en el momento. Este esquema se da en las distintas etapas del crecimiento del ser humano.

¿Qué pasaría si empezaría aceptar mi calvicie y aprendiera a ver mi belleza por debajo de esta realidad?

¿Qué pasaría si me librase de lo que es aparente y cambiante y otear el panorama por debajo, e ir descubriendo el mensaje cotidiano que hay entrelineas y ver quien mueve la realidad? ¿Quién me está moviendo todas las cosas? ¿Por qué?

Muchas veces nos oponemos tozudamente y cuando no la aceptamos las negamos y nos vamos dividiendo interiormente. Está la realidad, yo y lo que acepto y lo que me niego a ver.

Pasamos acumulando gran parte de nuestras vidas, lo que no queremos ver, lo que nos produce temblor y terror, en el mundo marginal de nuestra conciencia.

Hay otro pensador que dijo que la verdad es adecuación de la inteligencia con la realidad. ¿Dónde estamos?

Cuando no aceptamos dónde estamos parados, siempre estamos propensos a quedarnos en el pasado.

Es lo que ansió
Un atardecer sereno,
y mi corazón tranquilo,
que el sol en el poniente
me abrigue con su suave brillo
que mis acreedores este en
paz conmigo
y levantemos las copas
por las deudas pagadas
y por lo que vivimos.
Que mi osamenta no esté
ansiosa por dejarme,
que el apego a lo pasajero
no quiera atarme,
que el dolor no quite
de mis ojos su propio brillo
de aquel que contempló
antes de entrar a la
tierra de quienes se creen vivos.
que tan solo suave y serena
mi alma se eleve
con gozo y sin pena
más voy a tu encuentro
y tú eres mi puerto
mi ala está lista
estoy a la espera.

Tan solo
Solo en el tiempo,
mi alma
como en un lienzo

te dibujó
en la serena calma,
de las sensaciones,
que, sin querer,
se hizo presente,
lo siento.
Y no es la imaginación.
en mi historia,
en mi juventud,
donde apague la virtud,
las devociones que amaba.
para que en mi mundo
entraras tú.
Y sin terminar
la suave briza de primavera,
descubrir, y experimentar
el movimiento del amor
y amar.
Mi infancia,
quedó sepultada en tierra,
mi corazón se lanzaba a la mar
tu fragancia,
de tu presencia,
mensajera.
Ya no llevo en mi bolsillo
de mi existencia
una ilusión.
tan sólo en un papel
exteriorizo un boceto,
un gozo, una moción,
condicionado por el ayer:
expresado hoy.

Pienso en ti,

expuesto sin ninguna conclusión.

como una obra que le falta

el retoque mágico del pintor.

Tan sólo con el hilo mágico

de tu mirada,

tejí mi existencia.

Ya no soy

el mismo de ayer,

desde el momento

que arribaste a mi vida

no sé en qué primavera,

no sé en qué brisa,

si fue lento

o de prisa.

Arribo tu fragancia,

haciendo en mí tu estancia,

coronándome de

gracias infinitas.

Estoy creciendo con vos.

Sin repetir como en la infancia

lo que por ti siento.

Entre lo representado y el representante en el inconsciente Esteban Grande, tenía treinta años, docente en la Facultad de Filosofía y Letras. Se volcó de lleno a las ciencias humanísticas, en contraposición con las carreras en la que la matemática suele ser la columna donde se asienta su razón de ser.

Pero nunca se preguntó el por qué, de ese hastío, como una profunda angustia, que sentía cuando tenía que abordar de refilón, algunas operaciones simples que uno usa en la vida, como el sumar y restar para saber cuál es la situación financiera y como proyecto el mes.

Algunas veces para evitar eso, prefería no ir de compras o si lo hacía, compraba según él, todo lo que necesitaba para dos meses, tenía una serie de artilugios para evitar las sumas y las restas.

Cuando tuvo que ir al analista, para resolver una profunda crisis emocional, a raíz de su divorcio, en una de las tantas sesiones de terapéuticas, en uno de sus relatos, llamó la atención del analista, ya que salió a luz sus fantasías de temprana edad.

Le fascinaba el rostro de su maestra, su mirada y su sonrisa. Que por capricho de la vida era un calco de cómo es su madre. Cuando tenía 8 años, contaba que a su maestra algunas veces le llamaba mamá sin darse cuenta.

Su madre, al ser abandonada por su padre, tuvo que salir a la calle a buscar la vida para dar el sustento a Esteban, a raíz de algunas experiencias duras, se volcó a la bebida.

La maestra fue una imagen gravitante en él. La desatención de su madre producía un escaso rendimiento escolar con nota grave en matemática. Esta imagen de la niñez afloró en algunos diálogos con su analista. Ante esta situación el sentía una profunda angustia y desazón. Muy similar a lo que le producía su madre en los momentos de cólera y ebriedad.

Su maestra se había convertido en su mamá sustituta. Su madre salía temprano de casa, dejaba todo ordenado para que él se vistiera y fuera a la escuela.

Un día al regresar su madre, vio la nota que su maestra había escrito para ella.

La madre al ver la situación, le empezó a enseñar hasta las 5 de la mañana, pero más que enseñanzas era una cruel tortura.

La madre, con todo un bagaje de sufrimiento, frustraciones, desilusiones y sin saber las técnicas pedagógicas, de cómo hacer gustar esta disciplina, descargó contra él, cada vez que no entendía algunos temas de matemática, lo sometía a fuertes golpiza acompañado con estruendosas vociferaciones.

Él con el tiempo remonto sus notas, pero cuenta que no veía la hora de quedar liberado de tal suplicio.

Esteban tenía tan solo nueve años, un niño que su único refugio era su madre, ¿cómo comprender ese amor, esa agresión y la profunda sensación de culpa? *«mi madre tiene razón en pegarme, si yo soy duro para las matemáticas»*.

Hay hechos en la vida que siempre van acompañados de sensaciones emociones e imágenes que condicionan y marcan para toda la vida.

Tenemos a un niño, sufría la ausencia de su madre y cuando estaba, no estaba en condiciones para ejercer su maternidad.

Esteban se crío huérfano de amor, proyectando esta necesidad en la imagen de su maestra, sufriendo por partida doble, buscaba contentar a su maestra, en ausencia de su madre, ella era un refugio precario, pero era lo único que en ese momento tenía.

Este relato es una introducción. Veremos la importancia de los condicionantes en las necesidades humanas y cómo se desarrollan en un determinado contexto, que terminan influyendo la existencia del hombre.

Una madre ansiosa que su niño coma, el niño no le gusta la comida, madre insegura por temor a que, ante la falta de alimentación el niño enferme, lo obliga a comer forzado, brutalmente, obligándole a abrir por la fuerza, la boca del bebé para que coma, terminando esta situación es una violencia fatal.

Después nos preguntamos: el porqué de la ansiedad que desarrollamos antes de comer o la aversión hacia determinados alimentos.

La imagen que representa, el condicionante, las pulsiones que aparecen buscando satisfacción y lo que se reprime por temor a un castigo espantoso, son el condimento de la existencia humana.

Déjame aprender

Déjame aprender
el lenguaje de tu cuerpo,
sentir en tu mirada,
tu parecer,
y vivir tus recuerdos.
Déjame aprender
los movimientos exactos,
al margen de los tiempos muertos
que tengo que hacer
para llegar, sin condiciones,
sin pactos,
sin palabras, ni rodeos,
desnudo de emociones,
y un te amo, hacer florecer,
y encontrarme en tu alma
libre de apegos.
Déjame aprender el leguaje
de tu cuerpo,
para que pueda dialogar
el mío,
al margen del lugar y
el tiempo
saber el punto justo
para llegar a ti,
sin importar la geografía,
donde la palabra sea ausencia
yo tu propiedad
y tú, te sientas mía.

Del delirio a la paranoia

Muchas veces uno puede estar pasando por un momento de inseguridad en el que podemos estar a la defensiva y ver alterada la realidad con la creencia, de que lo que nos pasa es por el complot de algún miembro de la familia, algún grupo dentro de nuestra realidad laboral, pero sin llegar a ser nunca un hecho delirante como en el caso de la paranoia.

Esta enfermedad está encuadrada dentro de las llamadas trastornos de ideas delirantes.

Lo que sucede es que el ser humano construye es construir un mundo paralelo dentro de su propio mundo con ideas motrices que lo llevan al delirio. Estas ideas están muy bien argumentadas pero improbables, con la creencia interior y haciendo de esta una realidad incuestionable.

Así existen delirios de perjuicio, de grandeza, de enfermedad, de seducción, de ruina. La construcción de un mundo dentro del mundo real tiende a compensar o restablecer el equilibrio, producto de una fuerte desvalorización humana, con la construcción del objeto del delirio y su argumentación racional, restableciendo así la una frágil armonía con el mundo real.

Muchas veces el delirio de ser hijo de una súper estrella del pop, aunque no haya prueba alguna de la filiación, el enfermo la argumenta con tanta fuerza que hasta puede llegar a ser convincente. En el fondo es una baja autoestima por medio de la cual el siente que en el mundo exterior nadie lo aprecia, para restablecer este equilibrio aparece la construcción del delirio como un síntoma.

El delirio más común es la del perjuicio, en la que la persona que padece se siente víctima de acciones de un miembro de familia, de un grupo, institución, que actúan en contra de él.

Muchas veces en este delirio está el argumento de que él o las personas que son sus enemigos, instrumenta todo un sistema de observación, llegando hasta los rincones más sorprendente de su casa y todo lo que le pasa es porque quieren perjudicarlo, alterando toda su forma de vida previa, pudiendo llegar a presentar claras alteraciones de conducta y agresividad. No se le puede convencer de su error mediante el razonamiento lógico.

La clave para superar estos delirios interiores, es ganar confianza en uno mismo y reforzar la autoestima aprendiendo a valorar lo que se hace bien, teniendo pensamientos realistas y positivos, procurando no exigirse o castigarse por los errores, sino reconocer que nadie es infalible.

Ante el paciente intentar evitar el tema delirante, no contradecirlo en ese aspecto, pero tampoco seguirle la corriente e intentar prevenir conductas violentas.

La prevención de la paranoia debería empezar en la infancia. Los humanos somos por naturaleza seres sociales, aunque este rasgo en otras ocasiones está oculto detrás de la inseguridad.

Debemos aprender a confiar en el otro, demostrando nosotros que somos honestos, coherentes y responsables. Educar en estos valores a nuestros hijos. Las relaciones se hacen más profundas y sinceras a medida que les dedicamos más tiempo y nos arriesgamos a ser como somos, compartiendo con los demás sinceramente lo que pensamos y sentimos, animándolos a hacer lo mismo.

El humor y la risa influyen directamente en nuestro estado de ánimo y en nuestra autoestima. Es importante cultivar el buen humor y aprender a reírse de uno mismo para mantener una visión objetiva del mundo y prevenir conductas paranoides.

Encerré en mi corazón
Encerré mi corazón
con murallas,
para estar alejado del tuyo,
para no sentir el desaliento
de mi alma,
ni de mi ser el murmullo,
la herida de no tener
el encanto de tu mirada
y de tu voz el dulce susurro.
Di sepultura a mis ilusiones,
de corazón encantado,
lloré mis emociones,
dejándolas muertas en el pasado.
aquí vengo caminando
lo que me queda de la vida,
mi Dios ¿por qué la hiciste
hermosa, dulce y atractiva?
Tan solo su presencia,
deja mi alma herida,
mi razón a la deriva,
duerme en una profunda demencia.
aunque busque una salida
nada me libra,
ni Einstein, ni alguna ciencia.
Señor recibid,
hacedme este honor,
sin encontrar a este mal remedio
pongo en tus manos el dolor,
ya que no encuentro sosiego.

La idea, lo representado y la pulsión

Muchas veces en la vida manejamos el término idea, como una respuesta a una pregunta en un diálogo, siempre tenemos la tendencia de contestar "que buena idea tiene".

¿Pero qué es una idea? Es una imagen, una representación de algo, digo re–presentación, es algo que se me presenta de nuevo.

Cuando estoy ante algo nuevo, nunca visto, sobre esto elaboro una idea, esto no es una representación, este proceso es conceptualización, es decir, ante lo desconocido el hombre observa y le da su nombre, elabora un concepto que responde a la realidad conocida.

Por eso en muchos de los casos esa idea, es una representación de algo que responde a una necesidad, es algo que quiero alcanzar. Un Proyecto que se comparte en el diálogo.

La idea encierra un proceso creativo interno y un proceso de proyección existencial en la vida de uno, también es un proceso de creación, estoy dando a luz algo que no está en mi existencia.

Cuando pienso en una *casa*, esta idea, crea en mí una necesidad: necesito una *casa* y lo que me va a producir en mi vida una *casa propia*.

Ante la idea *casa*, siento toda una corriente de energía, la pulsión que me trae la necesidad y el deseo de conseguir algo que me va a producir placer.

Esta *pulsión*, aparece en contraposición, para que exista una *pulsión* primero tiene que haber una ausencia de algo, un vacío, pero también tiene que existir, lo que necesito. Es una tensión interna que siempre llevará al ser humano a buscar el objeto que satisfaga dicha *pulsión*.

A partir de estas ideas, que representan necesidades, vienen los proyectos.

Si bien este trabajo intelectual, es creativo, es intrínseco al hombre, ya no esta tan solo la idea de casa, es la idea de trabajo, de medio económicos, de crédito financiero, de asesoramiento. Estas estructuras de ideas, que me representan algo, son medios ordenados en la concreción de la idea principal —*la casa*—.

Es una creación interna que uno, dentro de si saca y crea un discurso o construcción racional al que le llamamos *Proyecto.*

Cuando a este, le doy luz, lo llevo a la ejecución en mi vida existencial. Le damos vida, es un parto, lo traemos a la existencia. *«Viejo, Pepe tiene casa, ya se compró una».* Y muchas cosas de la que habíamos planificado, no estaba con el contexto de la vida cotidiana y se modificó algunas cosas, del proyecto original.

Se pensaba con un crédito, construir una casa, pero apareció un amigo y por medio de él, se recibe un crédito hipotecario, en vez de construir, compra directamente.

En la vida de los proyectos, tiene que existir una determinada plasticidad y es necesario que así ocurra. De lo contrario el proyecto está signado por la muerte misma, por más que la idea creadora del proyecto sea muy buena.

La idea de casa es perfecta en si, por eso la apetezco. Toda mi pulsión está orientada para satisfacer una necesidad. La idea de casa representa algo.

Para algunos: cobijo, un pequeño reino, pensamos en un hogar con leños ardiendo, un buen sillón donde pasar las horas leyendo un buen libro y escuchando mi música preferida.

Otros, la idea de casa tiene una representación más social. Una casa está representada con un fondo amplio, un asador, pileta y llenos de amigos y seres queridos con quien compartir el momento.

Lo representado de *casa* es la idea que uno tiene, existen tantas como seres humanos hay. Porque casa, en la existencia del hombre dice tanto como tantos hombres hay. Para cada uno casa significa algo. Pero casa como concepto es una idea universal, está en cada cerebro humano. Hasta en los animales, ellos también tienen la necesidad de guarecerse. Pero para nosotros los seres humanos "superiores", los animales tienen guaridas.

El niño el inconsciente y su crecimiento

Cuando mi hijo mayor, Javier, tenía dos añitos, comúnmente al atardecer, se acercaba sigilosamente a mi lado mientras leía un libro y escuchaba una obra de Mozart. Al principio me resultaba algo enternecedor, de que esté a mi lado, *«mi niño está al lado de Papá»*. Pero al correr el tiempo me di cuenta que no era tan solo mi compañía, sino la música.

Sí le cautivaba la música clásica, especialmente Mozart. Con el tiempo el mismo me pedía que le pusiera el CD de nuevo.

Muchas veces pensamos que el aprendizaje como fenómeno educativo, aparece siempre de la mano de las imágenes que nosotros percibimos y todas las sensaciones que acompaña a la imagen. Pero esto no es algo determinante si no hay imagen no hay educación.

Pero esto no es así, mi hijo estando en el vientre de su madre, a partir del cuarto mes, cuando ya se empezaba a ver una pancita más definida en su mamá, solía ponerle música clásica, preferentemente, Mozart y Beethoven, acercando el parlante del minicomponente, al vientre de su madre.

Sí, Javier ya conocía las obras de Mozart y Beethoven, antes de nacer. Como también las voces de papá y mamá.

Pensamos que el niño aprehende a partir del sexto mes, pero no, aprende a partir del vientre de su madre y el gran error del ser humano, el pensar que, en ese estado de desarrollo embrionario, es un cúmulo o conjunto de células, pasando por el camino del desarrollo corporal, necesario para la vida.

Las primeras sensaciones yoicas, es decir las que ayudan a definir la conciencia de individualidad e identificar que yo soy distinto a lo que me rodea. O que lo que me rodea, lo puedo sentir diferente a mí, se da en la relación Madre e Hijo a partir del amamantamiento.

Como si la primera experiencia corporal se diera a partir de esta instancia.

La experiencia Madre e Hijo afirma este aprendizaje de la individualidad.

El niño en su estado de crecimiento y maduración en el vientre de la madre, su espacio, su hábitat se va reduciendo y las paredes de la matriz lo van aprisionando, quitándole movilidad.

Su mundo ya no es placentero, sino es algo incómodo, limitativo, cambiar de posición es trabajoso, el mundo ante él, se volvió más toxico, porque su orina y su materia fecal está contaminando el líquido que le rodea.

Su mundo muere al pasar los días, tiene que cambiar de hábitat, pasar a uno que no conoce, las únicas referencias son los latidos de su madre, las melodías, las voces y los ruidos que vienen de afuera, se sienten las vibraciones a través del vientre materno.

Él al sentirse aprisionado, siente su cuerpo, siente su movimiento buscando posiciones más cómodas.

Su mundo está muriendo y el corre el peligro de morir. Pero puja, se lanza a lo desconocido, nace a algo nuevo, no tiene conocimiento de vida o muerte, pero su instinto le dice que ahí, no puede estar más.

Todas estas sensaciones a muy temprana edad, tiempo que no se computa en la vida del hombre, más, lo heredado, lo genético, todas estas experiencias, hacen a la formación de la estructura o comportamiento del ser humano.

Por eso, muchas veces pasamos por momentos, en la que experimentamos sensaciones de una profunda angustia, muy profunda y no encontramos una respuesta inmediata; como también el profundo deseo de vivir, de ser feliz, de tener algo para uno, nace desde el vientre materno.

Guillermo es hijo de un padre, que en el pasado se dedicó a beber, una forma generalizada de evadir la realidad es imbuirse en el mundo del alcohol.

Su papá ya no bebe, pero cuando sus hermanos hacen algo que llama la ira de su padre, este empieza a renegar con vos alta, gritando epítetos y corrigiendo con largas peroratas a sus hermanos. Cada vez que esto ocurre, él corre a refugiarse en una esquina del dormitorio y empieza a mecerse, desconectándose de los hechos.

No había nada que me diera una pista, sobre las causas de este comportamiento. Cité a su madre para ver si me daba algunos datos para ir comprendiendo este comportamiento evasivo y negación de la realidad.

Su madre me comentó que cuando Guillermo estaba en su vientre, con siete meses de gestación, su padre en un momento de enojo, ya que su mamá se había negado comprar vino para él, ya que no había mucho dinero, este entro en cólera y estando ebrio, golpeo duramente a ella y también golpeo la pancita. Donde estaba Guillermo. ¿Que habrá sentido Guillermo?

Él fue violentado, agredido, el sentía voces que acompañaban a los golpes, sentía el latir acelerado de su mamá, su mundo estaba en peligro y por su sangre corrías las hormonas que le indicaba su situación de peligro.

Así como esta experiencia, hay a muchísimas, de las que no todos tienen la misma respuesta, ya que no todos tenemos la capacidad de absorber o vivir experiencias de la misma forma.

¿Cuándo Guillermo tenga sus 30 años? ¿Cómo seguirá influyendo en su vida hechos violento?

Camino de vez en cuando
Camino de vez en cuando,
Persiguiendo las sonrisas,
Que traspasa el muro,
De otra vez lo mismo,
Sin son ni ton,
Ese cansancio de la frescura,
Cercano al olvido.

Llegando a mí cual susurro,
Gastados por los años.
Como luz tenue, que apenas
Ilumina mi corazón.
Camino de vez en cuando,
Y tu dialogo descifrando,
Abriendo mí conciencia,
Es que los sentimientos,
A cierta edad es reminiscencia,
Con un histórico bouquet,
Que se convierte
En presencia,
Aunque, tú musa, estés volando,
Por el horizonte de mi armonía,
Y nuestra imagen, arrugada por los
Años, en donde el amor
Es costumbre y pensamiento
Y la lucha por achicar espacio
Entre tú y yo, lo lleva adelante
Nuestros sentimientos.
Camino de vez en cuando
Pensando cuando mis manos
Navegaba sobre tu piel
Surfeando sensaciones.
No había espacio ni tiempo
Donde el amor.
De vez en cuando, se llenaba
Con tu presencia,
Y el cielo, una canción y la
Pertenencia.
Identificaba nuestro universo.
Y nos encontraba nuevamente,

Caminando de vez en cuando.

Si tu quieres

Si tú quieres,
Abriré la puerta de lo eterno
Sacare del ser,
Lo que tu corazón desee,
Lo que tu alma quiere ser,
El gozo por tenernos,
Las caricias en la antesala
De la donación y el encuentro.
Si tú quieres,
Borrare el tiempo,
Para que la muerte no te hiera,
Para que tan solo veas
El ser, en continuo movimiento.
Ya no tendrás que saltar
A un oscuro abismo.
Ni hacer de tu existencia
El trueque, condicionante,
Para un lugar vip
En lo eterno.
Porque,
Por el hecho de ser tú,
Mujer bella.
Tienes tu luz propia,
Y el ser en ti piensa,
Hechura
De sus pensamientos.
Aun sin que tú lo sepas.
Nada fenece,
Nada cae en penuria,
Nada de él, tiene atadura,
A no ser que tú quieras,

Atarte a las sensaciones
Pasajera del momento.

Mi imagen en el espejo

Era una noche de bochornoso calor, en la que se incineraba todo intento de un sueño reparador. La ansiedad y el deseo del descanso profundo, que crece con los segundos, transformaba a mi aposento en un infierno.

Decidí ducharme, me levanté, pasé mi rostro frente al espejo, con los ojos cansados. Ahí estaba mi imagen, ahí estaba tan certera de lo que soy, pero tan distante en mi conciencia. Es mi imagen, pero también me siento distinto a la imagen que veo. Mi imagen subjetiva, aquella de lo que creo ser, es una imagen construida a través de la experiencia de lo vivido.

Pero también la imagen en el espejo me mira, cuando la miro, me mira a los ojos ¿Qué me diría la imagen del espejo?

Aunque parezca algo simbólico, si esta imagen hablaría me diría quien soy cristalinamente, sin condicionantes.

El que observa a alguien lo hace en razón de lo vivido, a través de su propia experiencia, su vida le dio el cristal para ver la realidad a su manera.

Eso pasa, mi esposa se levantó y encontró el rostro mío en el espejo, miró la imagen que está en el espejo y dulcemente sonrío. La mirada de mi esposa era distinta, a la imagen que me mira. Le devolví la sonrisa encantadora y la imagen del espejo sonrío.

Descubrí en ese momento otra imagen, la de mi esposa, en el espejo que me sonreía, me iluminaba, me endulzaba, mientras la imagen mía está ahí como deseando desvelar todo lo que está oculto a mis ojos.

Indudablemente mi esposa mira otra persona, yo tengo mi imagen subjetiva de lo que soy, y el espejo tiene mi imagen que me mira y como no está condicionada por el pasado sabe quién soy, desnudo sin las excusas del Yo.

Pero ¿que ve mi mujer? ¿ese Tú, que me interpela?

Pero distinta seria de una mujer, que en la adolescencia fue violada por su padre, en un estado de embriaguez, con ese aliento especial de las personas que toma whisky, más el olor de su habano.

Estas dos sensaciones, quedaron grabada a fuego con la violencia vivida.

Ella cuando conoce a alguien y ve que fuma habano, más aún, si toma whisky, sale una fuerza oculta que lleva a despreciar o a rechazar a la persona con esos hábitos.

Ante determinadas experiencias, las personas quedan condicionada, por más que la imagen que me viene está desprovista de toda valoración, vienen sensaciones a través de los sentidos y mi yo, es la que viste al tú, con el ropaje que le conviene para no sentirse desprotegido.

Es la imagen que tiene el tú, de mí, al entrar en relación imaginaria de la existencia.

Así, la existencia es una, la que uno experimenta (ex= de, peri= alrededor, mento de Mens= medir) Uno mide lo que viene a mí de afuera, ya al realizar este acto lo cubro de las valoraciones (bueno, malo, bello, feo, agradable, desagradable, iluminado, perturbador), de donde brota las emociones. Emoción, ese movimiento interior que habla de alegría, de tristeza, de miedo, de pánico, aversión.

Así en este juego de imágenes, esta también el ideario que yo proyecto y el ideario que yo proyecto de las personas que me rodean. Por ejemplo: Juan no es lo que yo esperaba. Me desilusionaste pensé que era de otra forma.

Es como si se estableciera idearios construido en contraposición con la realidad, porque Juan es así, como la vida lo hizo, nosotros lo vemos y lo sentimos diferente.

Generalmente los problemas de aceptación de la otra persona, no está en la otra persona, está en nosotros que no aceptamos. Lo que vemos, no son sensaciones vacías sino completadas por valoraciones. Mira ese villero como habla, como se viste. Mira ese gordo grasoso y para el colmo peronista. Etc. La existencia es una, la que es, la que uno experimenta, pero otra es la interpretación de las cosas que pasan. Uno consciente y con el anverso inconsciente, vamos revalorizando los que pasa en uno y lo que pasa alrededor de uno.

Voy siguiendo tu presencia
Voy siguiendo
La brisa que dejas,
Mis pasos lentos,
Mis huesos y sus quejas
Mis ganas de llegar a ti,
Como presea.
De una victoria ganada
Para mi corazón, que desea,
Tan solo con soñarlo
Mi interior festeja.
Mis lentos pasos,
Mis huesos y sus quejas.
Y en el subsuelo
De mis pasos
Esta la energía de mis apetencias.
Las pulsiones y los músculos
Dan el marco,
Y es que tu figura me mueve,
El amor profundo
Cual ciencia.
Si dijera que te poseo,

Sería una cruel mentira,
Eres una paloma libre
En su pleno vuelo,
Yo tan solo contemplo,
Mi alma amarte atina.

El amor es común
Un verdadero duelo,
Yo ganarte y tú me ganas,
Mi alma se empecina,
En el fragor de la lucha,
Vivo, pero muero,
En la entrega callada
Para que tú en mi viva.

El escritor, la pulsión y la letra

Hace un año que dejé de escribir, me era necesario un alto en el camino, no me puse a pensar la causa, sentí que algo estaba cambiando, mi punto geográfico, desde el cual observaba el fluir de mi vida, cambió de eje, cambio el ángulo y descubrí cosas nuevas, viajé al pasado, al presente; en estas cosas no soy muy de analizar, trato de que el cambio no me sea algo traumático y si el corazón pide cambio pues cambiemos.

Sé que tengo que expresar, la vida que pasa en mí y por mí, como un torrente de sensaciones, que mueve a la reflexión, donde se encuentran otras formas, otros colores, otras melodías, otros valores.

Todos los que escribimos estamos atados a esta faena. Siempre para el escritor es necesario tener nuevas sensaciones, nuevas visiones, lugares nuevos, porque son el desencadenante de las nuevas ideas a desarrollar en la escritura, pero también está el enamoramiento a determinados lugares que llevan a la fluidez de la escritura.

Ser escritor es sentir el llamado de vivir la existencia saltando las experiencias cotidianas, ligeramente, como quien cruza un río, pisando las piedras, hasta llegar al otro extremo. Algunas son más firmes, otras son más endebles e inseguras, otras son pequeñas e incomodas, para asentar el pie, otras son más grande que para saltar se necesita el esfuerzo del cuerpo.

El escritor es un versátil existencialista, donde expresa en ese entretejido de letras y palabras, la vida. En este acto de contemplación con lo que ve, siente, se lanza a la construcción, donde lo construido en un mundo nuevo de sensaciones paralelas, que nace de la vida y la interpela para tomar nueva forma en la narración. En este acto se hace presente el paralelismo existencial, en la que surfear dos mundos es toda una odisea, donde el mundo nuevo interpela al viejo, al cotidiano y pulsa por modificarlo y viceversa, y en este mar de sensaciones está el frenesí de querer compartir, en donde la escritura son pinceladas frescas de la realidad que vive.

Esta actividad que parece lineal, no escapa a la verticalidad del tiempo, ni al inconsciente del escritor ya que en el intervienen en la escritura sus miedos, sus gustos, sus gozos, el pasado, su historia que atravesaron su humanidad.

A dónde van

Dónde va la gente,

cuando el ocaso fenece,

y el sol ya no ilumina.

cuando la oscuridad cierne

en la conciencia, del que no supo

el calor de una sonrisa.

Dónde, dónde van,

aquellos que pasaron abrazados

a sus sueños,

esperando en el horizonte

ver sus primeros brotes,

donde sus ideales argumento
de mil batallas,
por la que partieron.
Dónde, dónde van, tan silenciosos,
en sus últimos suspiros,
cansado de tanto esperar,
la paz que han perseguido,
o aterrados al encontrarse
con el espanto
de lo que han hecho.
aferrándose,
hasta el último segundo
a su cuerpo.
Dónde, dónde van, los soñadores
acompasados y taciturnos
con los años amontonados
en las espaldas,
caminan encorvados,
esperan el turno,
un canto de liberación,
deseoso de batir sus alas.
Todos van, para el mismo lado,
cada uno ve su propio camino.
algunos, lleva en su pecho una promesa,
una esperanza.
Una vida de vaivenes y muertes,
otros vacíos,
atravesados por el desprecio
y el abandono, cual implacable lanza.
y el estigma del martirio.
Todos, todos,
marchamos para el mismo lado,

por un único camino
es para todo mortal su destino,

Escritor, pulsión y existencia

Desde el momento en que el escritor toma su pluma, lapicera, máquina de escribir, notebook, empieza su acto creador, su acto de expresión, donde trae a la realidad cognoscitiva, nuevos personajes, nuevos paisajes, nuevos mundos. La palabra, como el demiurgo, impulsa la actividad del escritor y la saca a luz. La palabra es iluminada por la sabiduría, el amor y la belleza.

El escritor tiene el rayo divino del creador, el tiempo muere en la primera oración. Todo lo que se crea o se re crea se lo realiza en un paralelismo con la realidad, sale del tiempo, comprometida con los tiempos del que escribe, con lo que se trae del pasado, resuelto o no, con lo que se heredó, con los condicionantes. En esta mixtura existencial, lo escrito es consecuencia de la pulsión, de esa energía psíquica profunda que dirige la acción hacia un fin, descargándose al conseguirlo, y en este dinamismo se entrelaza la experiencia del sujeto.

Pero también es una gran verdad que el lector se compromete con esta pulsión, con ese mundo, con la existencia escrita del autor. Acá hay una retroalimentación, tanto el que escribe de algo, es por algo, es un brote existencial paralelo a su propia existencia y el que lee algo re construye el mundo creado por el escritor, esa pulsión por desentrañar en el mundo de las palabras, esa entidad escondida, oculta por el escritor, en una historia, en una hipótesis, en una reflexión, ahí está ser develada, reinterpretada por el lector.

Al compas
Al compás, del swing,
y del swing al song,

imaginé de interviú,
tú presencia tenue,
juega al compás de un blues.
Del smog al jazz,
un súmeteme que vaga,
en la garganta raspada de un Louis
que hizo historia,
soplando, soplando,
el bronce hecho música,
Entre negras y blancas,
se escapa una corchea.
entre la cadencia y candente,
juego de tus caderas,
entre smog y jazz.
Tu imagen mi amor,
no sé qué swing,
no sé qué song,
y un blues
Hace ameno el ambiente,
haces hechizos en la espera,
y tú dentro, embrujas la trompeta,
y el humo, que en el espacio juega.
El hielo que contiene el whisky,
una ella, lamentara,
que se hizo FitzGerald conmigo,
entre song, swing y blues,
tú estás ahí.

El escritor, creación e inconsciente

Muchas veces me pregunté cuál es el momento en el que el escritor,
comienza a destramar toda una historia, todo un poema, toda una

novela. Cuál es el momento originario que surge o emerge a su consciencia el tema principal, qué sensaciones movilizaron su pensamiento creador, es como un pintor, empieza a pintar la realidad qué vivencia en su interior por medio de las letras.

El es el Dios creador de un universo en la que la existencia, la naturaleza, los seres, la luz y las tinieblas, el bien y el mal, la angustia y el gozo, la verdad y lo falso. Es la medida de su ser, de su experiencia. Pero también es una realidad que, si bien nace en su ser, esta no deja de interpelar, preguntar, reclamar, donde se crea un diálogo en la que se va buscando la razón por la cual viven en su creador (escritor) y en esta retroalimentación entre la criatura y el creador. Este es el dueño del tiempo y la existencia, de la vida y la muerte de sus criaturas en su obra.

El escritor tiene esa chispa de eternidad, ese fuego, esa luz que aparece como una detonación producida por algo. No es que tiene una luz permanente, de lo contrario estaría continuamente escribiendo, siempre hay algo que evoca, llama o se hace presente antes del acto creador, hay algo que llama la atención, hay algo movilizador que seduce a la creación.

Siempre hay desde la profundidad el elemento que al entrecruzarse con la realidad sale a luz la creación. Mucho hay de pulsión, ya que al crear produce una gran satisfacción y una gran tensión, pero también hay mucho de figuras inconscientes en la que su pasado y su presente están en juego.

Biografía

Francisco Antonio Camacho

Naci un 28 de abril de 1960, el segundo, de cinco hijos que mis padres sin tener los estudios primarios terminados, nos criaron y educaron con autoridad, inculcando la importancia de la lectura en la vida.